미래가 온다?
우리가 간다!

미래가 온다? 우리가 간다!

뉴노멀을 살아갈 청소년을 위한 열린 강좌

전승민
최형선
신동한
석혜원
예병일
오승현

㈜ 자음과모음

차례

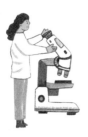

1장 AI와 미래기술

콘택트와 언택트가 어우러지는 세상이 온다

"팬데믹 이후 과학기술은 '감염 예방을 낮춘, 더 안전한 사회의 모습'을 만들기 위해 크게 변화할 것입니다. 더 안전한 콘택트 문화를 지향하자는 의미에서 '세이프 콘택트 기술'이라고 부를 수 있습니다. 새로운 세대의 기술, 차세대 인공지능 기술의 도약을 눈앞에 두고 있는 셈이죠."

전승민

'현실 세계에 도움이 되는 기술이 진짜 과학'이라는 모토로 국내 연구 현장을 두 발로 뛰고 있는 과학기술 전문 저술가다. KAIST 미래전략대학원 과학저널리즘 과정을 졸업하고 『과학동아』 기자, 대전 대덕연구단지 전담기자, 동아일보 과학팀장, 동아사이언스 온라인뉴스 편집장 및 수석기자를 지냈다. 현재 프리랜서 저술가로 활동하고 있으며 펴낸 책으로 『십 대가 알아야 할 인공지능과 4차 산업혁명의 미래』『휴보이즘』 등이 있다.

코로나19가 우리 생활을 뿌리째 흔들다

세계가 변화하고 있습니다. 새롭게 등장하는 첨단기술, 즉 인공지능의 등장과 로봇기술의 발전으로 촉발된 '4차 산업혁명'은 지금까지 볼 수 없었던 새로운 미래를 만들어 가고 있습니다. 기술의 발전이 이끌어 내는 문명의 변화는 과거의 그것에 비해 걷잡을 수 없이 클 것입니다.

이 변화의 시기에 꼭 짚어야 할 이야기가 있습니다. 2019년 말 등장한 지긋지긋한 질병, 코로나19의 대유행 그리고 이 때문에 변화된 사회 모습입니다. 기술의 발전만큼 세상의 변화를 이끄는 건 사람들의 인식과 태도입니다. 과학과 기술의 발전, 그리고 코로나19

이후 변화한 사람들의 생활이 삶을 큰 폭으로 바꿔 나갈 것이기 때문이죠. 우리의 미래는 어떻게 바뀌어 갈까요? 그 이면에는 어떤 과학기술이 숨어 있는지 알아봅시다.

미래를 이야기하면서 코로나19를 빼놓을 수는 없습니다. 이 질병 때문에 우리는 지금껏 듣도 보도 못 한 경험을 수없이 겪어야 했으니까요. 당연하다고 생각한 것을 할 수 없는 세상이 되었죠. 이웃 나라로 여행을 가지 못하고, 학교를 가지 못해 선생님의 얼굴을 컴퓨터 모니터로만 봐야 했지요. 친한 친구나 가족과 모여서 식사하기도 어려운 세상이 펼쳐진 것입니다.

여러분도 알고 있듯이 우리를 굉장히 괴롭혀 온 '코로나바이러스 감염증-19(COVID-19)'는 감기 바이러스인 '코로나바이러스'의 변종입니다. 지금 전 세계가 몸살을 앓고 있는 코로나19는 사실 감기의 일종인 셈이죠. 그러니 머지않아 병원에서 예방주사를 맞을 수 있고, 감염된 이후에는 치료약을 처방받을 수도 있을 것입니다.

정말 코로나19는 종식될 수 있을까요? 유사한 질환인 '독감(인플루엔자)'과 비교해 볼 수 있습니다. 전염성과 치사율이 높고 또한 호흡기로 감염된다는 점에서 매우 흡사하죠. 인플루엔자도 여러 종류가 있지만, 그중 가장 치명적이었던 것은 1918년에 유행한 '스페인독감'이 있습니다. 당시 세계보건기구(WHO)는 지금의 코로나19와 마찬가지로 '팬데믹(세계적 대유행)'을 선포했습니다. 이 병이 전 세계로 퍼져 나가 최소 1700만 명에서 최대 5000만 명이 목숨을 잃었다고 추정됩니다. 2020년 12월 11일 현재, 코로나19의 세계 누적 사망자는 590만 명 정도입니다. 이로 인해 이미 세계적인 마비가 일어났고요. 그러니 스페인독감에 의한 피해는 실로 막대했다고 할 수 있습니다. 사실 스페인독감은 아직도 '종식됐다'고 보기 어렵습니다. 스페인독감을 일으켰던 인플루엔자 바이러스로 인해 여전히 매년 65만 명 정도의 사망자가 나오고 있으니, 지금도 이 바이러스는 형태 변화가 있을지언정 여전히 크게 유행하고 있다고 보아야 합니다.

그러나 사람들은 나름의 대응책을 찾아 일상생활을 이어 나가고 있습니다. 예방주사가 개발되었고, 이후 효과 높은 치료약(타미플루 등)도 개발되면서 대유행 당시와 비교하면 사망자 숫자가 거의 50~80분의 1 정도로 줄었습니다. 결코 적은 인명 피해라고 할 수는 없지만, 그럼에도 불구하고 인플루엔자 바이러스 때문에 외출을 금지하거나 전 국민의 마스크 착용을 법으로 규정하지는 않습니다. 다만 '치료와 예방이 가능하니, 이 정도 피해는 사회적으로 감수하자'고 여기는 것입니다. 코로나19 역시 마찬가지입니다. 예방약과 치료약만 개발된다면 현재의 불편한 생활도 끝이 날 수 있습니다.

그럼에도 현재의 '통제'에 가까운 불편함이 종식될 수 있을 뿐, 코로나19로 불거진 사회시스템의 변화는 피할 수는 없을 것으로 보입니다. 그 까닭은 무엇일까요?

첫째로는 '코로나19로 인한 문화적 변화'가 일어나고 있기 때문입니다. 이번 사태로 사람들은 전 세계 모든 사람이 '질병에 대응하기 위한 사회시스템'으로 변화하는 과정을 급격하게 경험했으며, 그 생활양식을 기본으로 받아들이는 데 거부감이 없기 때문입니다.

둘째로, 과학기술의 발전이 만들어 내는 사회 모습의 변화를 꼽을 수 있습니다. 인공지능, 로봇기술, 초고속 통신기술 등이 다양한 산업을 빚어내며 사회를 큰 폭으로 바꾸어 나갈 것입니다.

이 두 가지는 서로 상호보완적입니다. 코로나19로 변화해 가는 미래의 모습을 만드는 데는 다양한 신기술이 필요합니다. 반대로 기술만을 놓고 대변혁이 일어날 거라고 보기는 어렵습니다. 신기술이 퍼져 나가려면 그것을 원하는 사람들의 요구도 필요합니다. 이 두 가지는 서로 맞물리며 급속도로 빠른 변화를 만들어 내죠.

'언택트'를 빼고 이야기할 수 없는 미래

이런 점을 감안할 때 코로나 이후 사회시스템에 관련된 기술의 흐름은 크게 두 가지로 볼 수 있습니다. 우선 사람과 사람이 '언택트(Untact)' 상황에서 경제 활동을 할 수 있도록 돕는 '원격 시스템'이

코로나19로 사람과 사람이 직접 만나지 않는 '언택트' 활동이 증가하고 있다.

크게 진보할 것입니다. 기존 시스템의 성능은 한층 더 높아지는 한편, 새로운 형태의 시스템 역시 연이어 개발될 것입니다.

코로나19는 분명 좋지 않은 경험이지만, 이를 통해 새롭게 알게 된 것이 적지 않습니다. 과거에는 불가능할 것만 같았는데, 이번 일을 계기로 '한번 해 보니' 생각보다 편리하고 좋은 것도 의외로 많았기 때문입니다.

백신도 없는 질병이 전 세계에 퍼졌을 때 사람들은 어쩔 수 없이 '서로 만나지 않아야' 했습니다. 이른바 '언택트' 문화가 태어난 것입니다. 과거에도 편지, 전화 통화, 문자 등 기본적인 언택트 기술은 있었습니다. 하지만 어디까지나 보조적인 성격이 강했죠. 예를 들어 과거에는 국제회의를 위해 어쩔 수 없이 전 세계에서 비행기로 이동해서 한곳에 모여야 했어요. 인터넷을 이용한 화상회의 기술은 과거에도 있었지만 그 기술을 이용해 국제회의를 진행하는 경우는 드물었습니다. 시스템에 대한 신뢰가 낮았기 때문이기도 하지만, 회의에 참석한 사람끼리 '얼굴을 맞대고' 서로 친밀감을 쌓기도 어려웠기 때문입니다.

하지만 사람들은 코로나19 이후 어쩔 수 없이 이 시스템을 사용하면서 과거와는 다르게 의외로 쓸 만하다는 것을 체감하기 시작했습니다. 코로나19가 종식되면 '얼굴을 맞대고 진행하는' 국제회의는 당연히 지금보다 늘어나겠지만, 이 장점을 체감한 사람들은 여전히 직접 만나지 않고 편리하게 회의하는 언택트 방식을 선호하게 될 수도 있습니다.

직장에 출근하지 않고 가정에서 일하는 재택근무 문화도 빠르게 자리 잡아 나갈 것입니다. 국제 비즈니스 통계 그룹인 '글로벌 워크플레이스 애널리틱스(Global Workplace Analytics)'는 "코로나19 위기가 사라진 후에도 25% 이상의 직원이 일주일 내내 재택근무 할 것"이라고 예상했습니다. 이는 언젠가 또다시 다가올 새로운 감염병의 발생에 능동적으로 대응할 수 있는 기반이 될 수 있습니다. 많은 직원이 언택트 기반으로 근무해 왔던 기업이라면 제2의 코로나, 즉 '포스트 코로나'가 찾아와도 업무에 큰 차질을 겪지 않고 대응할 수 있다는 것도 장점입니다.

유사한 분야로 '원격의료' 발전도 기대가 됩니다. 환자와 의사가 마주 보고 정보를 주고받을 수 있기 때문에 기술적으로 '원격회의' 시스템과 유사하지만 의료정보, 기본적인 원격검진 기능 등을 추가로 연구할 필요가 있습니다.

환자를 직접 눈으로 보고 손으로 만져 보며 진료하기 원하는 의료진은 원격의료의 도입을 원칙적으로 반대하는 편입니다. 그러나 시대의 흐름은 빠르게 원격의료를 향하고 있습니다. 포기할 경우 버려야 할 장점이 너무도 크기 때문입니다. 필요하다면 환자가 처음 의사를 만나는 초진의 경우 병원을 찾아가 현재와 같은 절차를 통하고, 의사가 '원격진료로 전환해도 문제가 없다'고 승인한 환자에 한해서 원격의료로 대처하는 절충안도 고려해 볼 만합니다.

원격교육 시스템도 한층 더 발전할 것으로 보입니다. 현재 코로나19 확산으로 한국을 비롯한 세계 여러 나라에서 휴학을 결정하고 정부 차원에서 온라인 원격교육을 장려 및 지원하고 있습니다. 그러나 관련 시스템은 아직 그리 신뢰할 만하지 못해 여전히 불편한 상황입니다. 그럼에도 '온라인 수업을 해 보니 장점이 있다'는 평가가 나오고 있어서 관련 기술이 빠르게 성장하지 않을까 싶습니다. 현재의 시스템은 동영상 파일을 강사(교수나 교사, 학원강사 등)가 만들어 올리면, 학생들이 이를 내려받아 시청하는 방식이 대부분입

온라인 원격교육 시스템은 여전히 불편하지만 장점도 있다.

니다. 실시간 교육도 진행 중이지만 불편한 점이 적지 않으므로 앞으로 인터넷상의 실시간 교육시스템을 개선할 필요가 있습니다.

이 밖에 생각해 볼 수 있는 것은 '온라인 마켓'입니다. 코로나19 이후 사람들은 온라인으로 상품을 구매하고 비용을 지출하는 경우가 부쩍 많아졌습니다. 사회적 거리두기가 일상이 된 소비자들이 언택트 서비스를 더욱 선호하기 때문입니다. 통계청에 따르면 코로나 발생 이후인 2020년 2월, 국내 온라인 쇼핑 거래액은 전년 대비 24.5% 증가(11조 9618억 원 기록)했다고 합니다.

차세대 통신 기능과 인공지능이 만나다

그렇다면 이런 미래를 만드는 기술로는 어떤 것들이 개발되고 있을까요. 먼저 인터넷 회선의 확충을 살펴보겠습니다. 언택트 문화를 말할 때 인터넷 기술을 빼고는 이야기하기 어렵기 때문입니다. 인터넷 통신망은 가정이나 사무실 등에서 사용하는 고정형인 '광대역망'과 휴대전화 등에서 사용하는 '모바일망'으로 구분합니다. 광대역망의 속도는 이미 가정에서도 기가비피에스(Gbps)급 속도까지 올라갔습니다. 1초에 저화질 영화 한 편을 받을 수 있는 정도이니 화상회의 창을 몇 개를 열어도 문제가 없습니다. 더구나 데이터를 압축해서 전송하는 기술 등도 발전하여 현실상 속도 문제가 일어날 가능성은 거의 없다고 볼 수 있습니다. 모바일망의 경우도 한국은 세계 최초로 5G(5세대) 이동통신을 적용했습니다. 어디에 있든 광대역망을 넘어서는 속도로 인터넷을 쓸 수 있게 됐다는 의미입니다.

물리적인 통신 속도가 확보됐다면 그다음에 언택트로 상호 소통하는 기반 기술이 필요합니다. 흔히 UC&C(Unified Communications and Collaboration, 통합 커뮤니케이션 및 협업)이라고 하는데, 이와 관련된 기술은 코로나19 팬데믹을 기점으로 급속도로 발전할 것입니다. UC&C 기술은 크게 4단계로 구분합니다. 1세대는 이동전화로 통화하고, 이메일로 자료를 주고받으며 일하는 형태입니다. 2세대는 인터넷 화상전화(VoIP) 형태이며, 스카이프 등이 대표적인 사례입니다. 3세대는 각각의 컴퓨터 또는 스마트폰에 관련 앱을 설치해 이를 이용해 소통하는 '클라우드' 방식을 꼽습니다. 4세대부터는 이 기반 위에 인공지능 시스템을 이용한 고효율 맞춤형 서비스가 가능해집니다. 가상 및 증강현실 시스템도 더 활발히 이용될 전망이고요.

이 기술을 가장 먼저 적용할 수 있는 곳은 역시 기업체일 것입니다. 지금의 원격근무 형태는 필요할 때 시간을 정해 카메라 앞에 앉은 다음 회의를 마치고, 다시 각자 일을 하는 방식입니다. 이는 즉시 서로 대화하며 소통할 수 있는 사무실 공동 업무와는 큰 차이가 있습니다. 따라서 인터넷에 상시 연결해 두고, 헤드셋과 카메라를 장착해 두고, 같은 팀이 먼 거리에서 항상 얼굴을 마주 보면서 일을 할 수 있는 '실시간 협업 시스템'도 등장하리라고 봅니다. 비록 카메라 너머로 소통하고 있지만, 서로 얼굴을 보고 이야기하면서 동시에 파일 공유, 문서 공동 편집, 화상회의, 프레젠테이션 등의 기능을 활용할 수 있게 되는 것이죠.

원격의료 부문에는 인공지능 시스템을 빼놓고 이야기할 수 없습니다. 언택트 문화로 환자 한 사람을 두고 여러 의사가 동시에 협진하는 것이 까다로워지기 때문입니다. 따라서 대량의 의료 데이터를 축적하고 활용할 수 있는, AI를 이용한 진단이나 판독 보조 서비스(닥터왓슨 등)를 연계할 수 있을 것입니다.

인공지능 시스템을 더한 '로봇'이 현장에 투입되는 것도 상상해 볼 수 있습니다. 감염병이 창궐한 경우 사람이 직접 방역 작업을 하거나 환자를 살피는 일은 최소로 하는 것이 유리합니다. 확실한 시스템이 있다면 평상시에도 그런 시스템을 유지하는 편이 병원 내 감염을 막는 데도 유리합니다. 인공지능 방역 로봇, 의사의 지시에 따라 환자의 상태를 살피는 인공지능 간호 로봇 등의 도입을 기대해 볼 수 있습니다.

원격교육의 경우는 가상현실(VR)과 증강현실(AR) 기술의 발전이 열쇠를 쥐고 있습니다. 현재 원격교육 시스템을 운영하고 있는 학교 선생님이나 강사들은 '현장감'이 부족해 힘들다고 합니다. 교실에서 학생들과 함께하는 수업과 달리, 아무 반응이 없는 화면을 보며 마치 연기하듯 진행하는 수업을 매주 반복하는 일은 아무래도 힘들다는 것이죠.

이 문제는 학생들이 3D 안경을 착용하면서 어느 정도 해소될 수 있습니다. 입체감 있는 현장학습 느낌을 줄 수 있으니까요. 단순히 교실에 있는 느낌을 주는 것에서 그치는 것이 아니라 필요하면 세계 어디든 가상 현장학습을 갈 수 있게 됩니다. 코로나가 종식되면 모든 수업을 원격으로 진행할 필요는 없겠지만 실제로 현장학습을 갔을 때 그곳에서 다양한 정보를 추가로 볼 수 있는 '증강현실' 기술이 활용되는 것도 기대해 볼 만합니다.

5G 이동통신이 실용화되면서 AR, VR 수업이 가능한 수준에 도달했다.

생생한 고화질 입체영상을 두 눈으로 보는 기술은 이미 실용화 단계에 있습니다. 여기에 5G 이동통신이 실용화되면서 AR, VR 수업 역시 이미 기술적으로 가능한 수준에 도달했습니다. 이 서비스가 보편화되는 데는 시간이 필요하겠지만 언제든 언택트와 현실을 오가며 수업할 수 있는 기반은 다져져 있는 셈입니다. 먼 미래의 이야기지만 앞으로는 특수한 장갑을 손에 착용하는 형태 혹은 척수 등으로 연결할 수 있는 특수한 장치를 이용해 컴퓨터에서 신경으로 직접 자극을 전달하는 HMI(인간-기계 연결 기술)도 등장할 것으로 기대됩니다. 이를 이용하면 다른 사람의 촉감 등을 전달받는 것이 가능해질 것입니다. 피아니스트나 도예가가 자신의 감각을 타인에게 경험시키는 일까지 가능해지는 것입니다. 미래에는 이처럼 다양한 신기술이 도입된 원격수업이 점점 더 실용화될 것으로 보입니다.

　온라인 마켓 기술도 한층 더 발전하고 있습니다. 온라인 마켓은 이미 충분히 실용화돼 있지만 UC&C 기술과 인공지능의 도입을 통해 한층 더 진일보할 여지가 있습니다. 고객의 취향에 맞는 제품의 추천, 고객의 소비 패턴에 따른 맞춤형 광고 제공 등의 기술은 이미 보편화돼 있습니다. 앞으로는 입체영상이나 HMI 등이 접목되면서 두 눈으로 물건을 보고 두 손으로 만져 보면서 쇼핑하는 것과 같은 생생한 체험이 점차 가능해질 전망입니다.

'세이프 콘택트'가 필요하다

코로나19 사태 이후 많은 사람이 언택트의 중요성을 강조합니다. 그러나 코로나19 팬데믹이 종식된다는 건 지긋지긋한, 강제적인 언택트가 사라진다는 의미도 있습니다. 흔히 코로나 이후의 미래 사회에서 언택트 문화와 기술이 강조될 것이라고 이야기하는 것은 일정 부분 사실입니다. 그러나 그 때문에 콘택트 문화가 극단적으로 축소될 거라는 판단은 수긍하기 어렵습니다. 언택트이기 때문에 더 편리한 점은 적극적으로 수용해 나가야겠지만 '콘택트(Contact)'이기 때문에 더 편리하고 더 행복하며, 작업에 따라서는 더 안전한 경우를 애써 포기할 필요는 없기 때문입니다. 즉, '감염 예방을 낮춘, 더 안전한 사회의 모습'을 만들어 나가기 위해 사회는 크게 변화할 것입니다. 개인적으로는 '더 안전한 콘택트 문화'를 지향하자는 의미에서 '세이프 콘택트 기술'이라고 부르고 있습니다.

미래를 엿보기에 앞서 우선 현재의 세이프 콘택트 기술에는 어떤 것이 있을까요? 마스크나 고글, 안경 등을 쓰고 회의장 책상이나 식탁 등에 가림막을 설치하는 것, 택배를 문 앞에 두고 가는 것, 바이러스 전파 위험도가 낮아지는 2m 거리두기를 시행하는 것과 같은 비교적 기초적인 활동이 있습니다. 코로나19가 유행하기 시작한 후, 불과 1년 사이에 대단한 기술적 진보를 기대하기 어려웠던 탓입니다.

앞으로는 다양한 신기술이 개발되며 한층 더 안전한 사회를 만들기 위해 노력하겠죠. 마스크를 착용해야만 외출하고 사람을 만나는 사회로 남을 것인지는 사회적 합의에 달려 있지만 다른 여러 가지 아이디어와 기술을 동원한다면 '서로 대면한 사람들이 불편하지 않게 감염을 낮추는' 기술은 여러 가지를 생각해 볼 수 있습니다. 다시 말하면 콘택트로 얻을 수 있는 이점은 취하면서 감염은 막을 수 있는 방법을 최대한 궁리할 필요가 생겨나는 것입니다. 그렇다면 코로나19 종식 이후에는 어떤 '세이프 콘택트' 기술이 생겨나고, 사회의 모습은 어떻게 바뀌어 나가게 될까요.

가장 손쉽게 생각할 수 있는 건 '공기순환 시스템'의 등장입니다. 바이러스는 공기를 떠도는 비말 등에 섞여 이동하므로 인공적으로라도 공기의 흐름을 만들어 주기만 하면 바람을 타고 흘러갑니다. 그러므로 행사장처럼 사람이 많이 모이는 장소는 적극적으로 공기의 흐름을 제어할 수 있는 '공기순환 장치'를 설치하는 것을 고려할 수 있습니다. 물론 개발 과정에서 최적의 공기 흐름을 알아내기 위해 인공지능 시스템을 이용한 반복 실험이 필요합니다. 이는 실제로 과학적으로도 검증된 방법입니다. 비슷한 방식으로 공기순환을 하는 비행기에서는 탑승객 사이에서의 감염이 크게 줄어든다는 연구 결과가 있습니다. 미국 하버드대학교 공중보건대학원 연구팀은 2020년 10월, 여객기의 객실 내 공기 흐름을 컴퓨터로 시뮬레이션한 결과 기내 환기시스템이 공기 중 바이러스의 99%를 걸러 낸다는 사실을 확인했다고 밝혔습니다. 바이러스에 감염된 공기는 다시 객실로 흘러들어 갔지만, 그 전에 필터를 먼저 통과했고, 그 결과 승객에게 전파되지 않았습니다. 또 승객의 입이나 코에서 바이러스가 섞인 비말이 튀어나오더라도 공기 흐름에 따라 아래쪽으로 이동하기 때문에 다른 승객을 감염시킬 가능성이 낮았습니다.

이와 비슷한 실험은 미군 수송사령부도 진행했습니다. 형광물질로 만든 인공 에어로졸로 실험한 결과 에어로졸이 기내에 머무는 시간은 평균 6분 미만이었습니다. 일반 가정 등에서는 에어로졸을 없애는 데 평균 90분이 걸립니다. 비행기에 타고 있는 것이 쇼핑하는 것보다 감염 위험이 한결 더 낮다는 결과인데 이는 공기순환 장치가 가동하고 있기 때문에 가능합니다. 비행기의 경우 우연히 이같은 효과가 나타난 것이지만, 많은 사람이 모이는 실내 공간 등에서는 공기의 흐름을 정교하게 계산하면 대단히 효과적인 감염 예방 시스템을 만들 수 있을 것입니다.

이런 원리는 간단한 아이디어로도 활용할 수 있습니다. 사람이 모이는 거의 대부분의 장소에서는 테이블을 가운데 두고 마주 앉아 이야기를 합니다. 이때 이 테이블 중앙에 공기를 빨아들이는 장치를 설치하는 것만으로도 호흡기 바이러스 등의 감염 예방에 큰 도움이 될 수 있습니다. 식사 중이거나 차를 마시는 사람의 입이나 코 등에서 비말이 튀어나와도 즉시 빨려 들어갈 테니 말입니다. 이렇게 빨아들인 공기는 차단 효과가 좋은 헤파필터 등으로 여과해 다시 내보낸다면 이 식당 내에서 감염률은 크게 떨어질 것입니다. 이처럼 바이러스의 특성을 이해하고, 작은 아이디어를 실천하는 것만으로 편리하면서도 안전한 사회를 만들 방법은 얼마든지 찾을 수 있지 않을까 싶습니다.

미래 신기술로 만드는 '세이프 콘택트' 문화

그렇다면 미래에 등장할 세이프 콘택트 기술은 어떤 것이 있고, 그로 인해 우리 삶은 어떻게 달라질까요?

가장 먼저 마스크를 언급하지 않을 수 없습니다. '마스크를 쓰기 싫어 빨리 코로나 종식을 기대해야 한다'는 사람이 많지만, 사실 모든 사람이 마스크만 올바르게 쓴다면 대부분의 호흡기 감염을 막을 수 있습니다. 모든 장소에서 마스크 착용을 강제하기보다 사람이 많은 곳, 병원 등의 장소에서는 모두가 마스크를 착용하는 것이 일상 문화로 자리 잡을 가능성이 큽니다.

마스크 착용의 단점으로는 장시간 착용하기에 불편하고, 숨을 쉬기 어렵다는 점, 안경 등에 김이 서릴 수 있고, 입김으로 생긴 습기가 마스크 안에 모여 축축하고, 쓰고 있는 사람의 얼굴을 알아볼 수 없어 대인관계에 좋은 영향을 미치기 어렵다는 점 등을 꼽을 수 있습니다.

따라서 미래에는 이런 문제를 해결하거나, 최소화할 목적으로 개발된 전자 마스크가 실용화될 것으로 보입니다. 앞부분은 투명 플라스틱으로 되어 있어 서로의 얼굴을 알아볼 수 있고 얼굴 옆쪽으로는 필터가 붙은 송풍장치를 이용해 공기를 순환하는 장치입니다. 이와 비슷한 장치는 이미 시험적으로 개발된 바 있지만 아직 무겁고 사용 시간이 짧다는 단점 때문에 대중화되지 않았습니다. 전면이 투명 플라스틱은 아니지만 비슷한 원리의 마스크를 국내 LG전자가 개발해 의료진에게 공급한 바 있으며, 미국 스타트업 '마이크로클라이밋(Microclimate)'도 2020년 10월 얼굴 전면을 유리로 만든 전자식 마스크 '에어'라는 제품을 공개한 바 있습니다.

공항이나 항만 등의 검역시스템 진보도 기대해 볼 만합니다. 검역시스템이란 외국으로부터 감염병 등을 막기 위해, 그 병에 걸린 사람을 차단하는 일입니다. 그렇다면 주요 질병에 대해 예방주사를 맞았다는 사실을 간편하게 확인하고 증명할 수 있는 '인공지능 검역시스템'이 도입된다면 여행자의 불편은 최소화하면서 출입국 절차가 한층 더 안전하고 편리해질 수 있습니다.

우선 현재 한국을 포함해 많은 나라가 전자여권을 채용하고 있는데 이를 더 진보시켜 '최신 감염증 예방 내용과 진료 정보'를 전자여권에 업데이트해 넣는 방법을 고려할 수 있습니다. 해외여행 전에 여권 유효기간 등을 확인하듯이, 최신 예방접종 여부를 확인해 출입이 가능한 국가를 사전에 확인하는 문화가 생길 수 있습니다. 다만 예민한 개인정보일 수 있으므로, 본인과 의료기관이 동시에 승인하지 않으면 자동 업데이트가 되지 않게 하는 등의 제도적 조치는 필요합니다.

인공지능 시스템을 이용하면 출입국관리소의 검역시스템 운영도 한층 효율적으로 바뀔 것입니다. 여기서 더 나아간다면 여행객의 체온과 호흡수, 기침 소리 등을 분석해 2차 검사를 할 것인지를 일 순간에 판단하는 시스템 등의 출현 등을 기대할 만합니다. 이런 시스템은 공항이나 항만뿐만 아니라, 대형 매장이나 세미나 장소 등에 설치할 경우 감염 위험이 큰 사람을 빠르게 알아낼 수 있어 손쉬운 응대가 가능해질 수 있습니다.

이미 세계적으로 퍼져 버린 코로나19나 인플루엔자 등의 치명적인 바이러스의 '완전 종식'은 사실상 어려워 예방 및 치료약이 공급되더라도 언제든 감염될 수 있습니다. 더구나 바이러스는 언제든 기존의 예방 및 치료제가 잘 듣지 않는 변종이 생길 수 있는 점, 언젠가는 코로나19 못지않은 새로운 감염병이 또다시 등장할 가능성 또한 여전히 남아 있습니다.

즉, 우리는 코로나19로 쌓은 경험을 토대로 더욱 편리한 언택트 문화, 더 안전한 '세이프 콘택트' 문화를 만들어 가기 위해 앞으로도 계속 노력해야 합니다. 그렇게 될 것을 예견하고 기대하는 데 그칠 것이 아니라, 반드시 그렇게 만들어 나가야 합니다.

인공지능과 로봇기술이 바꾸는 사회

코로나19는 지금 우리 삶에 큰 영향을 미치고 있지만, 코로나19가 지나간 '포스트 코로나'의 미래를 반드시 코로나19 한 가지로만 연관 지어 생각할 필요는 없습니다. 기술의 개발에 따라 자연스럽게 생겨나는 우리 미래의 모습은 어떤 것을 꼽을 수 있을까요. 미래 모습을 모두 짚어 볼 수는 없지만, 그 변화의 중심에 인공지능이 있는 것만은 자명합니다. 눈에 띄는 변화를 몇 가지 짚어 보겠습니다.

최근 등장하고 있는 인공지능의 특징은 '학습'을 통해 사람 대신 '판단'할 수 있다는 점입니다. 깊이 사고하고, 어떠한 욕구의 해소나 자아실현을 위해 스스로 일을 만들어 가며 할 수 있는 능력은 없지만, 일단 주어진 환경에 따라 척척 판단하며 일하는 것은 누구보다 잘할 수 있게 되었습니다.

그 모습이 가장 단적으로 두드러져 보이는 것이 바로 교통시스템의 변화입니다. 빠르면 10여 년, 늦어도 20여 년 후에 지금과 살아가는 모습이 가장 크게 변하는 건 다름 아니라 '자율주행차 실용화' 여부이기 때문입니다. 사람 대신 위험 상황을 판단하며 운전해 줄 자동차 소프트웨어의 발전이 문제의 최대 관건이었는데, 인공지능 기술의 발전을 통해 완전한 실용화의 가능성이 열리게 되었습니다. 특히 다른 차량과 신호를 주고받으며 움직이는 CAV(연결형 자율주행차)는 교통신호등의 존재마저 없앨 수 있습니다. 대신 차량마다 신호등이 따로 달려 있는데, 모든 차량마다 원격으로 데이터를 주고받으며 교차로를 통과할 순서를 자동으로 결정하게 됩니다. 먼 곳에서 사거리를 보고 있으면 모든 차량이 무질서하게 교차로를 그대로 통과하고 있는 것처럼 보이겠지만 차량끼리 완벽하게 통제된 상태로 운전하므로 인간이 운전하는 것보다 훨씬 안전합니다. 여기까지 발전하려면 최소 수십 년 이상 시간이 걸리겠지만 기술적으로는 가능합니다.

이런 기술이 실용화된다면 우리 생활은 어떻게 달라질까요? 예를 들어 퇴근 전 미리 자율주행차를 호출하면 이 차는 문 앞에서 대

ⓒShutterstock

다른 차량과 신호를 주고받는 자율주행차의 그래픽 이미지.

기하고, 아무도 없는 빈 차량에 혼자 앉아 목적지까지 가만히 있으면 됩니다. 차량 내 신호등에 빨간불이 켜져 다른 차량이 지나가기를 기다려야 하는 날도 생기겠지만, 이것은 인간이 직접 운전하는 특수차량(군사용, 경찰용, 소방용 등)이 지나갈 때 생기는 일일 것입니다. 이렇게 되면 주차 공간을 마련해야 하고 차량을 정비·유지해야 하는 부담이 생기는 '개인 소유 자동차'를 살 필요가 크게 줄어듭니다. 매달 사용 요금 등을 내고 자율주행차를 호출해 타고 다니는 것만으로도 차량을 구입하는 것 이상으로 편리하기 때문입니다.

개인용 자동차를 예로 들었지만, 이런 '자율운행' 기술은 장거리 운송 트럭, 더 나아가 하늘을 나는 중소형 비행기(드론) 등에도 두루 쓰이게 됩니다. 또 아주 먼 바다를 항해하는 선박 등도 결국 무인 시스템으로 대체될 것입니다.

가정생활은 어떤 모습으로 변화하게 될까요? 두 가지 기술이 관건인데 첫째가 인공지능, 둘째가 사물인터넷(IoT)입니다. 우선 집 안 시스템 전체를 총괄 제어하는 '집사 인공지능'의 등장이 예상됩니다. TV를 비롯해 모든 가전제품을 켜거나 끄고, 실내온도를 조정하는 등 집 안의 모든 것을 알아서 판단하고 조정합니다. 추운 겨울날 집에 사람이 아무도 없다면 자동으로 실내온도를 낮추고 가족이 집에 돌아오면 높입니다. 사람처럼 생긴 '인간형 로봇'이 집주인 대신 설거지하는 일은 불가능하겠지만, 이동형 로봇이 음식을 가져다

나르거나 자동으로 먼지를 제거하는 일은 가능해질 것입니다.

사물인터넷 기술은 현재 전자 제품이 아니라고 생각되는 물건까지 인터넷 통신이 가능해지는 단계를 말합니다. 소파나 침대, 의자, 책상 등에도 작은 IoT 칩을 넣을 수 있고 이것을 통해 기본적인 감지 기능과 통신 기능이 생겨납니다. 집 안에 사람이 있는지, 집주인이 침대에 누워 있는지 소파에 앉아 있는지, 소파에 앉아 있다면 체온은 적당한지, 몸에서 나오는 수분량으로 보아 현재 목이 마른지 정도까지 판단이 가능합니다. 이 신호를 받은 집사 AI는 집 안의 가전도구와 트롤리(작은 수레) 로봇을 이용해 다양한 일을 할 수 있습니다.

물론 이런 기술이 가정에서만 쓰이는 것은 아닙니다. 인공지능을 통해 건물 내 환경을 자유자재로 제어하는 기술이므로 사람이 있는 곳이라면 어디서든 쓸 수 있습니다. 카페, 전시장 등은 물론 공장 등 산업 시설도 인공지능을 통해 자동화될 수 있습니다.

또 한 가지 짚고 넘어가고 싶은 분야는 의료 기술입니다. 코로나19로 인해 원격진료가 실용화될 것이라는 이야기가 많은데, 이는 의사와 환자를 연결하는 기술입니다. 인공지능의 촉발로 생겨나는 것은 자동화이므로 의료시스템이 전체적으로 편리해진다는 데 무게를 두어야 합니다.

병원, 의원용 AI 시스템을 사용하면 환자의 경우 병원 예약시스템 등을 자동으로 확인하고 원격진료로 가능한지, 병원을 찾아야 할지 여부를 빠르게 알 수 있습니다. 병원에 들어서면 자동으로 진료가 필요한 과를 찾아갈 수 있도록 돕고, 예약 및 대기 시간 등도 자동으로 처리할 수 있지요.

의료진이 진단 및 치료를 하는 과정에서도 인공지능의 역할은 점점 커지고 있습니다. 학습된 인공지능이 엑스레이나 CT, MRI 등의 이미지를 보고 판단하는 영상 진단, 세포의 모습을 현미경으로 보고 판단하는 병리학과 진단, 다양한 검사 결과를 보고 종합적으로 환자의 증세를 판단하는 내과 등의 영역에 빠르게 도입될 것입니다. 의사의 실수를 줄이고, 의료진의 처치를 편리하게 해 주는 다양한 기술도 속속 등장할 것입니다. 이 경우 흔히 생각하는 것처럼 '인공지능 의사가 환자를 치료하는 일'이 생겨날 가능성은 낮습니다. 진료 행위에 대해 책임질 전문가 없이 치료가 이뤄질 리 만무하기 때문입니다.

이런 모든 서비스는 인공지능 그 자체의 발전을 통해서 가능해질 수 있습니다. 사실 인공지능이 처음으로 등장한 것은 이미 100여 년 전이지만, 실용화가 가능할 정도로 발전한 건 최근입니다. 인공지능 기술의 단점은 막대한 컴퓨터 자원을 요구하는 것인데, 컴퓨터의 속도는 2년마다 두 배 이상 빨라지고 있고, 그와 맞물려 인공지능의 판단 능력(알고리듬 효율)은 16개월마다 두 배씩 개선되고 있습니다. 앞으로 인공지능은 점점 더 성능이 좋아지며 사회 곳곳에서 실용화될 것입니다.

인공지능은 이미 피할 수 없는 대세입니다. 교통이나 가정, 의료 등의 분야는 물론, 사실상 산업 전반에 걸쳐 영향을 미치고 있습니다. 이른바 '인공지능을 통해 미래 사회가 바뀐다'라는 말은 이 때문에 생겨나고 있는 것입니다. 세상에 컴퓨터가 처음 등장했을 때 그랬던 것처럼, 인공지능의 발전은 사실상 모든 산업을 변화시킬 기반이 되어 가고 있는 셈입니다.

우리 인간은 지금 과도기에 있습니다. 변화와 혁신으로 뛰어들어야만 하는 두려움의 기간입니다. 이런 새로운 세대의 기술, 차세대 인공지능 기술의 도약을 눈앞에 두고 우리 사회는 코로나19의 극복이라는 시련을 마주하고 있습니다. 이는 괴로운 일이지만, 한편으로는 값진 경험으로 남을 것입니다. 새로운 시대의 과학기술과 질병의 극복, 이 두 가지가 맞물리면서 우리의 미래는 한층 더 빠르게 변화하고 있습니다.

2장 기후환경

위태로운 지구
물러설 곳 없는 인류

"2016년 황제펭귄 새끼 1만여 마리가 남극에서 갑자기 사라졌습니다. 지구온난화로 발생한 엘니뇨가 강력한 핵 폭풍을 일으켜 황제펭귄을 덮쳐버렸습니다. 귀여운 아기 펭귄들은 순식간에 몰살당했습니다. 이런 불행이 과연 황제펭귄에게만 일어날까요?"

최형선

동물의 생존 전략을 연구하는 생태학자. 1984년 이화여자대학교 생태학 박사학위를 마치고 성균관대학교 초빙교수로 학생들을 가르치고 있다. 환경부 중앙환경보전자문위원, 환경부 갈등관리심의위원, 수질보전국 물포럼 위원장을 지냈다. 저서로 『펭귄이 날개로 날 수 있다면』 『퇴근길 인문학 수업: 멈춤』(공저) 『첫걸음 동물백과』 『동물들아, 힘을 내!』 『어린이 생태학』(전2권)이 있다. 『낙타는 왜 사막으로 갔을까』로 2012년 제30회 과학기술도서상 저술상을 수상했다.

기후가 왜 이렇게 변덕스러울까?

요즘 기후는 아주 예민합니다. 깜짝 놀라서 붉으락푸르락하는 아기 얼굴 같습니다. 여름에는 찌는 듯이 덥고, 가뭄이 든 것처럼 너무 건조하고, 돌연 물 폭탄이 터지기도 합니다. 겨울에는 살을 에는 듯한 한파에 얼굴이 따갑기까지 하죠. 마치 기후가 시시각각 흥분하는 것처럼 느껴집니다. 왜 이렇게 기후가 왔다 갔다 할까요? 이렇게 불안한 기후변화에 식물과 동물들은 안전할까요?

이 모든 것의 원인에는 '지구온난화'가 있습니다. 1980년대와 1990년대까지도 지구온난화를 반박하는 주장이 많았습니다. 하지만 이후 20년간 지구온난화가 급격히 진행되면서 숲이 사라지고 새와 물고기의 서식지가 파괴되는 등 환경 재앙들이 덮치자 이 모든 것의 원인이 지구가 뜨거워지는 데 있다는 사실이 명백해졌습니다.

지구 온도가 왜 이렇게 달아오르는 걸까요? 원인은 여러 가지입니다. 태양이 지구에 쏘는 빛(태양에너지)이 많아지면 뜨거워집니다. 또 지표를 형성하고 있는 지각판의 움직임이나 대규모 화산 폭발 같은 지구의 활동도 지구 온도에 영향을 미칩니다. 바다 기류와 순환의 변화도 지구의 온도를 높일 수 있죠. 하지만 가장 크고 근본적인 원인은 다른 데 있습니다. 바로 '인간'이죠. 인간은 생활하면서 어마어마한 온실가스를 배출합니다. 공장에서도 끊임없이 온실가스가 방출됩니다. 이러한 온실가스가 지구 생태계 파괴의 주범입니다.

온실가스가 어떻게 지구 생태계를 무너뜨리는 걸까요?

우리와 자연 생태계는 전적으로 태양에 기대어 살아갑니다. 태양은 지구에 에너지를 제공하는 근원입니다. 태양 없이 우리는 생활할 수 없습니다. 우리의 몸이 춥다, 덥다 느끼게 하는 기후도 전적으로 태양의 영향입니다. 태양의 활동에 따라 지구는 더워지거나 추워지는 등 기후변화를 일으킵니다. 과거의 지구 온도를 살펴보면 장기간에 걸쳐 태양의 활동이 활발할 때는 지구 평균 온도가 올라가고 태양 활동이 미약했을 때는 지구 온도가 내려갔습니다. 태양빛이 지구에 도달하는 양이 달라짐에 따라 기후변화가 일어납니다. 현재 10만 년 주기인 지구의 공전궤도가 변할 때도 태양빛의 유입량은 달라집

화석연료를 태울 때 온실가스가 대량으로 배출되고 지구온난화가 가속화된다.

니다.

　기후는 대기와 바다, 육지의 모든 것이 합쳐져 형성됩니다. 그래서 기압, 지구의 자전, 지표면의 기복, 열 등의 영향을 받습니다. 열이 고르지 않으면 공기는 끊임없이 움직입니다. 규칙적이거나 무질서하게 흐르는 공기는 바람이라는 형태로 떠다닙니다. 바람은 열을 교환하고 비를 분배하는 일을 합니다. 그래서 끊임없이 움직이는 것입니다.

　태양에너지(태양빛)를 받은 지구는 물과 바람을 타고 열을 이리저리 운반하면서 환경 변화를 일으킵니다. 장파장의 복사에너지를 우주로 내보내서 열 균형을 맞추려고 하죠. 그런데 이 복사에너지가 지구의 온실가스에 흡수되면서 열이 대기 중에 가둬지면 지구의 온도는 올라갑니다. 이것이 바로 지구온난화 현상입니다.

기후변화의 주범은 온실가스

온실가스는 수증기, 이산화탄소, 메탄, 아산화질소, 오존과 같은 기체의 덩어리입니다. 온실가스는 사실 매우 고마운 존재입니다. 대기 중에 적당히만 존재한다면 온실가스는 따뜻한 지구가 될 수 있도록 영상 15℃의 평균기온을 유지시켜 주니까요. 온실가스가 없다면 지구의 평균온도는 영하 18℃로 차디찬 얼음 세상이 되어 버릴 것입니다. 온실가스 중 가장 비중이 큰 수증기는 온도가 낮아져 응결하면 물이 되지만 이산화탄소 같은 기체는 식물이나 바다에서 흡수하는 양보다 방출량이 많아서 온실가스 상태로 머물러 있습니다.

그런데 이 이산화탄소가 많아지는 것이 문제입니다. 화석연료 사용이 늘면서 이산화탄소 발생량이 날로 증가하고 있는 것이죠. 그 배출량은 마지막 빙기 이후 자연 발생적으로 생긴 것보다 250배나 더 많아졌습니다. 지금 지구 평균온도가 19세기 이후 1.14℃ 상승한 이유는 이산화탄소와 함께 다른 온실가스 농도가 변화했기 때문입니다.

온실가스의 증가는 지구 곳곳에서 기후변화를 일으킵니다. 열이

난 지구는 후끈거리면서 열 순환과 물 순환이 빨라지고, 지구 곳곳에서는 기후로 인한 재난 상황이 빈번히 발생하고 있습니다. 서식지에서 살 수 없게 된 생물종들이 빠른 속도로 사라지면서 생태계가 무너지고 있습니다.

이런 기후변화가 지구에 처음 있는 현상은 아닙니다.

기록으로 살펴보면 1645~1715년 지구 기온이 가장 낮았습니다. 이때를 '소빙하기'라고 합니다. 태양의 흑점 수가 가장 적은 것으로 보아 태양 활동이 가장 미약했던 시기임을 알 수 있습니다.

'중세 온난기'라고 불리는 950~1250년에도 이상기후 현상이 일어났습니다. 북대서양 주변의 유럽과 북미 지역의 온도가 상승하고 열대의 태평양 지역은 현재보다 온도가 낮긴 했지만, 지구 평균 기온은 20세기 중반기와 비슷했습니다. 태양 활동이 증가하고 화산 활동이 줄어들면서 지구 온도가 상승한 것입니다. 그러면 바다의 흐름도 변하게 됩니다.

지구는 260만 년 전부터 빙하기로 들어섰습니다. 그 중간중간에 지구 온도는 오르락내리락하면서 간빙기를 맞고 있습니다. 지구는 얼음 덩어리를 한없이 확장할 수는 없기에 과중하면 빙하가 떨어져 나가 줄어들고, 지구의 열과 염분을 순환시키는 해류 흐름이 바뀌면서 기후가 변동되는 일이 반복됩니다.

우리는 지금 '홀로세(Holocene世)'라는 간빙기에 살고 있습니다.

급격하게 빙하가 후퇴한 시기는 지금으로부터 대략 1만 1650년 전이라는 사실이 방사성동위원소 분석 결과 밝혀졌습니다. 이 시기부터 인류는 농경 사회를 일구기 시작했습니다. 빙하기 동안 인류의 진화 과정도 두드러졌는데요, 빙하기 동안에는 수렵채취를 하며 먹고살았죠. 이때 지구 평균온도는 지금보다 6℃ 정도가 낮은 9℃였습니다.

지금으로부터 가장 최근, 지구의 육지 면적이 가장 넓었던 시기는 2만 년 전입니다. 즉, 물이 빙하에 갇혀서 해수면이 가장 낮았던 시기입니다. 빙하가 지구를 가장 넓게 뒤덮었던 시기죠. 이때는 매우 춥고 건조했습니다. 베링해협은 육지로 연결되어 있어서 시베리아에서 알래스카로 걸어갈 수 있었고, 발트해와 북해의 해저는 바다 사이사이에 밑바닥을 드러냈습니다. 우리나라는 어땠을까요? 그때 한국 서해안과 중국 대륙은 이어져 있었습니다. 일본 남부까지도 걸어서 갈 수도 있었죠. 당시의 해수면은 지금보다 120m나 낮았기 때문입니다. 그 후 북미의 뉴욕시와 시카고까지 덮었던 대륙빙하가 먼저 붕괴되면서 열과 염분을 전달하는 해류의 흐름이 변경되어 지구 기후변동이 발생했습니다.

기후변화가 우리 삶에 이렇게 광범위한 영향을 미칠지 몰랐죠? 기후는 대륙을 드러내기도 하고 해저에 묻어 버린다는 사실이 놀랍습니다. 그러니까 기후변화를 절대로 가벼이 넘겨서는 안 되겠죠.

지구의 허파, 아마존이 사라진다면?

지구는 둥그렇기 때문에 열대지방은 다른 지역보다 태양에너지를 더 많이 흡수합니다. 그러면 더 많은 증발이 일어납니다. 대부분의 증발은 육지보다 바다에서 일어납니다. 증발의 86%가 바닷물에서 발생하죠. 또 증발된 물의 10%는 육지에 비나 눈으로 내리고, 나머지는 또 바다가 흡수합니다.

이것이 물의 순환입니다. 바다나 땅에 있던 물이 수증기가 되어 대기에 머물고, 다시 액체로 돌아가는 일이 반복되는 것입니다. 물론 찬 기후에서는 물이 고체가 된 빙하 상태로 장기간 머무르게 됩니다.

물의 순환에서 강수와 물의 증발은 지구 곳곳에 수증기를 재분배하는 일이기 때문에 중요합니다. 지구 표면 온도의 상승은 물이 증발하는 데 큰 영향을 주고, 따스한 공기는 더 많은 수증기를 함유하기 때문입니다. 이렇듯 물의 순환은 지구 온도 변화와 가뭄·홍수 등의 기후환경과 긴밀하게 연결되어 있는 연결고리입니다.

온도가 1℃씩 올라갈 때마다 대기는 7% 이상의 수증기를 함유하게 됩니다. 땅이나 바다, 호수 표면에서 증발된 수증기는 높아진 온도 때문에 그 지역 대기 중에 더 많은 수증기를 포함하면서 습해집니다. 이런 이유로 습윤한 장소는 더 습해지고, 건조한 장소는 수증

지구온난화로 습윤한 곳은 더 습해지고, 건조한 곳은 더욱 메마르게 된다.

기 도달이 어려워지면서 더 건조해지는 기후 불균형이 발생합니다.

열대우림은 증발한 수증기가 더 많은 물을 끌어들여 강수량이 늘게 되고, 뜨거워진 사막은 더 건조해져 비가 전혀 오지 않는 날이 늘어나면서 척박해지는 것입니다.

기후변화로 인해 건조한 지역이 더 메말라지면 어떤 문제가 생길까요? 인간이 살 수 없는 불모의 땅이 늘어나게 되겠죠.

환경을 걱정하는 사람들은 숲이 줄어들고 있는 아마존을 보존하자는 목소리를 높입니다. 아마존 밀림은 기후 상승이 뚜렷하게 나타나고 있습니다. 따라서 물의 순환이 악화된 상태죠. 가뭄과 홍수가 잦아지고 산불이 증가하면서 생물의 다양성이 위태로워졌습니다. 1970년 이래 벌목으로 17%의 숲이 사라져 버렸기 때문입니다. 아마존 같은 거대한 숲에서 나무가 줄어들면 대기 중의 이산화탄소를 흡수하지 못하게 되고 강수량이 줄어들면서 지구온난화는 심화됩니다. 아마존 대기가 불균형해져 충분한 비가 내리지 못하면 나무들이 죽게 되고 사바나(열대초원)가 사막으로 바뀔 것입니다. 아마존이 사라진다면 지구에 막대한 양의 산소를 공급하는 지구의 허파가 사라지는 것과 같습니다. 지구 생태계에 너무나 큰 손실이죠.

빙하가 녹으면 물은 어디로 갈까?

지구는 태양 방사선을 무조건 다 받아들이지 않고 반사합니다. 지구 온도를 적정하게 유지하기 위한 자기 조절 능력을 발휘하는 것이죠. 지구가 반사하는 태양 광선의 비율을 '햇빛 반사율' 또는 '알베도(albedo)'라고 부릅니다. 흰 눈이 덮인 곳에서 알베도가 높고 짙은 색의 해양은 알베도가 낮습니다.

바다 위의 구름이 햇빛을 반사하면 온도는 내려가고 구름이 걷히면 바닷물이 태양열을 흡수하면서 온도가 올라갑니다. 온도가 올라간 바닷물은 또다시 구름이 되죠. 지구가 스스로 열을 반사하고 흡수하는 것입니다. 눈이 쌓인 고산지대에서는 태양열을 반사합니다.

햇빛 반사율을 높이면 온도를 낮게 유지할 수 있습니다.

이렇듯 지구에는 뛰어난 자기 조절 능력이 있습니다. 하지만 따뜻한 바람이 밀려온다거나 햇빛을 수직에 가까운 각도로 받게 되면 눈이 녹게 됩니다. 눈이 녹아 토양 표면이 흙이나 풀의 짙은 색으로 바뀌면 햇빛을 반사하는 대신 흡수하면서 데워집니다.

온실가스가 늘어난 지구는 햇빛 반사율을 높여야 온도 상승을 막을 수 있지만 지금은 빙하가 줄어들면서 짙은 색의 땅이 드러나고 햇빛 반사율이 점점 낮아지고 있습니다. 그러면서 빙하 밑에 저장된 강력한 온실가스의 방출 가능성도 커지고 있습니다.

NASA(미국항공우주국)가 예측한 결과에 따르면, 1993년부터 2019년까지 그린란드의 빙하는 연평균 2억 7900톤 정도씩 사라졌으며, 남극은 그 시기의 여름 동안 거대한 얼음 덩어리 빙붕(Ice Shelf)이 무너지면서 1억 4800톤씩 빙하가 사라졌다고 발표했습니다. 이렇게 지구온난화가 지속된다면 2100년까지 해수면이 18cm까지 상승할 거라고 내다보고 있습니다.

지구상에서 거대한 강물의 원천은 빙하이기에 눈이 녹아 버리고 건조해지면 빙하 주변 지역에 환경 재앙이 닥칩니다. 인류는 결국 물 부족에 허덕일 수밖에 없습니다. 고산 빙하에서 흘러나온 물이 줄어들면서 만성적인 수량 부족을 겪기 때문입니다. 예를 들어 알프스는 유럽 면적의 11%를 차지할 뿐이지만 유럽에서 90%의 식수

그린란드의 빙하가 지속적으로 녹으면 해수면이 상승한다.

와 농업용수 그리고 수력발전에 필요한 대부분의 물을 공급합니다. 이탈리아의 밀라노에서 사용하는 물의 80%가 알프스에서 흘러나옵니다.

아시아의 양쯔강, 메콩강, 갠지스강, 인더스강, 이라와디강 등 규모가 큰 강들 역시 티베트고원의 고산 빙하가 녹은 물이어서 사라져가는 고산 빙하는 아시아 지역의 사람들에게 고통을 주게 됩니다.

최근 20년간 북극해에서도 빙하의 크기는 빠른 속도로 줄어들었습니다. 2020년 봄 기후변화로 인한 시베리아의 폭염으로 북극해의 해빙은 좀 더 일찍 녹기 시작했고 북극의 기온이 과거의 평균기온보다 8℃에서 10℃ 정도가 높아 얼음 면적이 급속히 사라졌습니다.

점점 일찍 녹기 시작하고 더 많은 양의 얼음이 사라지고 있습니다. 지금 북극해는 얼음이 녹는 속도를 멈출 수 없는 상태로 대기 온도도 점점 더 높아지고 있는 상황입니다. 2100년까지 지구 온도가 2℃만 올라간다 해도 북극해의 해빙은 모조리 사라질 가능성도 있다고 과학자들은 예측하고 있습니다. 하지만 우리가 기후변화를 멈추는 노력을 하지 않는다면 북극해의 해빙은 우리가 예상했던 것보다 더 빨리 사라질 수 있습니다.

빙하가 사라지면 물 부족 문제만 겪게 되는 것이 아닙니다. 빙하는 우리의 터전인 땅을 사라지게 합니다. 해수면 상승을 초래하기 때문입니다.

해수면 상승이 왜 위험할까요?

약 7600년 전 지중해에서 해수면이 상승하는 사건이 있었습니다. '노아의 홍수'라고도 불리는 재앙이죠. 얼음물이 녹아 팽창한 지중해 바닷물이 터키 이스탄불의 아시아와 유럽을 나누는 보스포루스 해협을 통해 나이아가라폭포보다 200배 강한 힘으로 흑해를 덮치고 둑이 터지듯 폭발적으로 연안의 농경지로 밀어닥쳤습니다. 이런 물 폭포는 특히 저지대에 속한 지역을 해양 속으로 사라지게 했습니다.

앞으로 기후변화 대응책을 실천하지 않는다면 가까운 시기에 해수면은 매년 15mm 상승할 것으로 예측됩니다. 15mm 상승이 실감

나지 않는다면 과거를 돌아보면 됩니다. 2만 년 전 최대 빙하기 때는 해수면이 지금보다 120m가 낮았습니다. 그런데 1만 5000년부터 6000년 전까지 연간 10mm씩 상승한 결과 9000년 동안 90m의 해수면이 상승했습니다. 해수면 상승과 함께 광대한 땅이 바닷속으로 들어갔습니다.

해수면이 상승하면 연안 거주지에 사람이 살 수 없게 되어 매년 수천만 명의 환경 난민이 발생할 수 있습니다. 한 예로, 방글라데시는 국토의 3분의 2가 해발 5m 아래의 저지대에 위치해 있는 데다 특히 강수량이 많은 지역입니다. 근래에 홍수, 산사태, 태풍 피해는 물론이고, 토양과 식수의 염류화 현상으로 물 부족 현상을 겪으면서 수천만 명이 고향을 떠나는 사태가 발생했습니다.

북극곰 눈물을 닦아 주어야

기후변화는 지구 생태계를 어떻게 변화시킬까요?

여름에도 녹지 않는 영구동토인 북극 툰드라지대는 지금 녹색 지대로 변하고 있습니다. 이끼와 풀만 자라는 동토에 키 작은 나무들이 침범해 점점 영역을 넓혀 가고 있습니다. 1985년부터 30년간의 위성 자료를 보면 38%가 녹화된 것으로 드러났습니다. 식생이 바뀌면 식물에 의존해 살아가는 야생동물의 서식지가 바뀌고, 이 지역에 거주하는 주민의 삶과 그들이 의존하는 먹거리에도 변화가 일어납니다. 서식지의 대량 이동은 정상적인 상황이 아닙니다.

기후변화로 인해 수목한계선도 계속 북상하고 있습니다. 우리나라의 설악산, 지리산, 한라산 등에는 높은 산 정상 부근에 수목한계선이 있지만 점차 높아지고 있는 실정입니다. 수목한계선은 나무가 자랄 수 없는 환경임을 말해 주는 척도입니다. 건조한 바람이 잦아서 토양의 수분이 쉽게 날아가고 온도가 낮아 식물이 자라기 힘든 조건입니다.

문제는 동물들이 이런 변화하는 식생 분포에 적응하기 위해 이동하거나 소멸되고 있다는 데 있습니다. 엘크(말코손바닥사슴)는 산에 덮인 눈이 사라지자 봄에 돋아나는 싹을 먹기 위해 점점 더 높은 산 꼭대기로 올라가고 있습니다.

알래스카의 회색곰은 순록이나 사슴 고기, 연어와 송어 같은 물고기도 먹지만, 다양한 베리를 찾아다니며 먹습니다. 대규모 눈사태가 나서 나무들이 휩쓸려 내려가면 그 후에 생겨난 목초지에서 새롭게 돋아나는 베리를 찾아다닙니다. 하지만 기후변화로 산사태가 사라지면서 회색곰은 오랫동안 좋아했던 베리를 먹지 못하자 먹이 행동 특성을 바꿀 수밖에 없었습니다.

물고기와 새들도 고위도에 적응하는 새로운 종들이 생겨나고 있

북극곰은 기후변화로 인한 희생양 가운데 하나다.

습니다. 수온 변화에 민감한 물고기는 10년마다 160km 북쪽으로 이동하고 있습니다. 수온 상승으로 많은 수의 범고래가 유입되어 일각고래와 수염고래가 북극해 부근에서 수난당하기도 합니다. 물고기의 이동과 유입은 먹이사슬을 바꾸어 바다 생태계를 교란시킵니다.

이렇듯 지구 생태계가 변하면서 생물들은 먹이 행동과 심지어 외모까지 바꿉니다. 기후변화에 적응하기 위해 생물들은 계속 이동하며 서식지를 바꾸고, 그것도 안 되면 소멸하거나 새로운 방법을 찾아야 합니다. 먹이 경쟁을 피하기 위해 극지방까지 올라와 살고 있는 생물들은 더 이상 피할 장소가 없기 때문에 생존이 위태로워지는 것입니다.

북극여우와 북극곰은 이러한 기후변화의 희생자입니다. 북극여우는 기온이 상승하자 북극지방으로 이주한 붉은여우로부터 서식지를 빼앗길 처지에 있기 때문입니다. 몸집이 크고 용맹한 붉은여우는 북극여우의 굴을 빼앗거나 새끼들을 죽이기도 합니다.

해빙을 이용해 사냥을 즐기는 북극곰은 해빙이 줄어들면서 장거리를 헤엄쳐야 하는 고달픈 신세가 되었습니다. 어린 새끼들은 해빙을 찾아 헤엄치는 거리가 길어지면서 위험에 처하게 되었고 사망률도 현저히 증가했습니다. 먹고 살기가 힘겨워진 북극곰은 평균 몸무게가 줄어 홀쭉해졌고 출산율도 낮아졌습니다. 국제자연보존연맹(IUCN)에 의하면 앞으로 35~50년 후면 북극곰 개체 수가 3분의 1로 줄어들 것으로 내다보고 있습니다. 누가 북극곰의 눈물을 닦아 줄 수 있을까요?

기후변화 가운데 가장 무서운 시나리오는 극지방 1.5km 아래 북극의 얼음에 갇혀 있는 강력한 온실가스인 4000억 톤의 메탄이 방출되는 일입니다. 메탄은 이산화탄소보다 대기 중에 머무는 기간이 짧지만 복사에너지를 가두는 힘이 20배나 크기 때문에 메탄의 방출은 지구환경 변화를 걷잡을 수 없는 방향으로 몰고 갈 수 있습니다.

다음의 그래프는 6500만 년 전부터 지금까지 지구 온도 변화의 역사를 보여 줍니다. 이 그래프를 보면 미래의 지구가 어떤 상태일

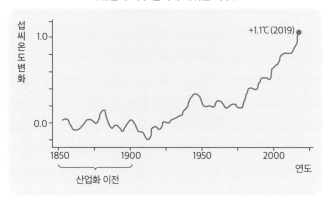

〈산업화 이후 급격히 더워진 지구〉

지 예측할 수 있습니다. 지금 상태로 간다면 2100년까지 산업혁명 전과 비교해 대략 4.5℃까지 상승할 것으로 예측됩니다. 그렇다면 500만 년 전, 인간도 맘모스도 살지 못했던 시기의 기온 상태가 됩니다. 현재의 생물들도 적응하기 어려운 온도가 될 것입니다.

지구 평균온도 1.14℃의 상승은 그다지 크게 보이지 않지만 이 작은 온도 변화가 지구 전체에 미치는 영향은 극적입니다. 해수면 상승, 강력한 태풍, 심각한 가뭄, 찌는 듯한 폭염, 산불 발생 등을 야기하는 원인이기 때문입니다.

어떤 사람은 지구 평균기온 2℃ 증가가 지구 생태계가 타격을 입을 예상치의 안전한 한계라고 주장하기도 하지만, 수많은 변화가 2℃ 이하에서도 일어날 수 있다고 과학자들은 경고합니다. 그래서 화석연료 사용을 막고 삼림 벌채를 금지하는 등의 국제적 협정을 체결하여 지구온난화를 가중시키는 인간의 행동을 규제해야 한다는 목소리가 높아지고 있습니다.

친환경 기술, 어디까지 왔을까?

이상기후는 지구에 예기치 못한 재난을 불러옵니다. 지구촌 곳곳에서 홍수, 가뭄, 태풍, 산사태, 산불 피해가 계속 증가하고 있습니다. 시베리아에서는 폭염 현상과 대규모 산불이 일어났습니다. 중앙아시아에서는 이상 고온 현상과 함께 영구동토가 녹으면서 연료 유출 사건이 일어났습니다. 이들 현상은 기후변화와 관련이 깊습니다.

NASA에서 80만 년 전부터 대기 중 이산화탄소 농도를 분석한 결과, 현재 최고 수준인 414ppm을 기록하고 있습니다. 앞으로 이산화탄소 농도가 증가한다면 기후는 더 민감해질 것이고 이에 따른 환경 재해도 증가할 것입니다.

이산화탄소 배출 규제 정책은 인구 증가와 에너지 소비량을 어떻게 조절하느냐에 달려 있습니다. 세계 인구는 지난 100년간 빠른 속도로 늘어났고 늘어난 인구는 이산화탄소 배출을 급속히 증가시켰습니다. 기하급수적으로 늘어난 에너지 사용량도 큰 문제입니다. 1950년 이후 화석연료 사용량이 점차 늘어났고, 연료 유형도 고체

1 개발도상국 포함한 전 세계 참가는 처음

2 ℃보다 기온 상승폭 훨씬 낮게

1.5 ℃까지 제한 노력(2100년까지)

5 년마다 온실가스 감축 이행 점검(2023년부터)

18 년 만의 신기후체제 합의문

118 조 원 선진국의 연간 개도국 지원 금액

187 개국 한국을 포함해 자발적 온실가스
감축 목표 제출한 국가 수

195 개국 파리협약 합의 국가 수

2020 년 파리협약 시작 연도

(출처: 온라인 중앙일보)

에서 액체로 그리고 기체 형태로 전환되면서 석탄, 석유, 천연가스 소비가 증가했습니다.

심각한 기후 재난을 멈추기 위해 지난 2015년 파리기후변화협약에서 195개국이 조약을 체결했습니다. 2100년까지 산업사회 이전 대비 평균기온 상승폭을 2℃로 제한하자는 것입니다. 나아가 1.5℃까지 상승선으로 낮추는 노력도 포함되었습니다. 이를 위해서는 2020년에서 2030년까지 매년 7.6%씩 온실가스 배출량을 줄여야 합니다.

다행스러운 징후는 화석연료를 줄이고 청정에너지 사용량을 늘리려는 환경 정책과 기술적 노력이 이어지고 있다는 점입니다. 안전하고 소형화된 핵발전, 수력발전, 풍력, 태양광 등의 청정에너지를 효율적으로 얻기 위해 기술 개발과 함께 정책 기반이 마련되고 있습니다.

우리가 이용하고 있는 자동차와 버스 등의 대중 교통수단은 온실가스 배출량이 크기 때문에 이를 줄이기 위한 엔진 효율 및 연비 향상 연구가 크게 진전되고 있습니다. 휘발유로 움직이는 차 대신 하이브리드 차나 전기차 또는 수소차 기술 개발이 이루어져 자동차 배기가스 배출량을 줄일 수 있게 되었습니다.

온실가스는 냉난방시스템, 조명, 조리 과정, 가전제품에서도 배출되기 때문에 건물의 에너지 효율을 높여 에너지 사용을 줄이는 일 역시 중요합니다. 자연 채광, 단열 등으로 에너지를 적게 사용하고 태양열, 지열, 풍력 등 친환경 기술이 결합된 친환경 공동주택 및 초고층 빌딩이 많아질수록 기후변화 위험은 조금씩 낮아질 것입니다. 신재생 에너지를 활용해 쾌적한 주거 환경을 만들고 효율적인 에너지 유지 관리가 가능한 그린 빌딩도 좋은 아이디어입니다.

친환경적이고 윤리적인 소비를 위해 스웨덴의 한 기업은 탄소 배출 한도를 정한 신용카드를 출시했습니다. 소비자가 물건을 구매할 때마다 그 물건으로 발생하는 탄소량을 알려주고 누적 탄소 배출량이 한도를 넘으면 신용카드 사용이 중지되는 아이디어 상품입니다.

이로써 소비자는 탄소 배출을 줄이는 소비 습관을 들일 수 있게 됩니다.

온실가스를 줄이는 저탄소 사회로 전환해야 한다는 인식이 높아지면서 태양광, 풍력, 조력, 수소전지 등의 친환경 신재생 에너지의 보급률이 높아지고, 오염 물질 및 폐기물 배출을 최소화하는 녹색 기술이 신성장 동력으로 떠오르고 있습니다.

1997년 일본 교토에서 채택된 '교토의정서'는 '온실가스 배출권 거래제도'를 선언했습니다. 국가별로 경제 규모를 고려하여 온실가스 배출량을 할당받고 허용량보다 적게 배출할 경우 남은 배출권을 팔아 이익을 누릴 수 있게 하는 제도입니다. 우리나라에서는 2015년도부터 '온실가스 배출권 거래제'를 허용했습니다. '한국거래소'가 온실가스 배출권 거래소로 지정됐고, 기업은 온실가스 배출을 조절하거나 다른 공장과 거래해서 전체 배출량을 조절하고 있습니다.

온실가스 규제는 환경산업의 발전을 가져오고 있습니다. 기업에 대한 온실가스 배출 규제 정책은 신기술을 활성화하여 녹색 성장을 이끌어 낼 수 있습니다. 산업 분야에서 온실가스 배출 감소 노력은, 공장에서 배출되는 이산화탄소를 활용해 연료나 플라스틱, 비료, 건축자재 등을 만드는 데 사용하기도 합니다. 기업들은 저탄소 기술을 개발하고 신재생 에너지를 사용하는 등 친환경 기술 개발에 박차를 가하고 있습니다. 수소와 산소를 반응시켜 전기를 생산하는 수소연료전지 발전소도 건립되었습니다.

지구를 살리는 작은 실천

2016년 황제펭귄 새끼 1만여 마리가 남극에서 갑자기 사라졌습니다. 지구온난화로 발생한 엘니뇨가 강력한 핵 폭풍을 일으켜 황제펭귄을 덮쳐 버렸습니다. 귀여운 아기 펭귄들은 순식간에 몰살당했습니다. 이런 불행이 과연 황제펭귄에게만 일어날까요?

수온이 올라간 호수는 적조 현상으로 물을 독성화합니다. 산소 없는 물속에서 떼죽음당한 물고기들은 수면에 둥둥 떠오른 채 우리에게 경고의 메시지를 던집니다. 바다 곳곳에서도 수천, 수만 마리의 물고기 떼가 죽음의 띠를 만들며 우리에게 책임을 묻고 있습니다.

이렇듯 기후변화는 수많은 생물을 죽음으로 몰아넣지만 우리 인간에게도 생명의 위협을 가합니다. 조류 바이러스의 확산은 이런 징후입니다. 살 수 있는 터전을 찾아 서식지를 빈번하게 바꾸는 새들은 조류 바이러스의 전염 경로를 확산합니다. 신종 바이러스의 등장과 팬데믹도 기후변화와 관련이 있습니다. 이상기후로 산불이나 가뭄, 홍수 등의 이변이 잦아지자 서식지를 잃은 야생동물들이 인간 거주지나 목축지로 이동하면서 바이러스의 확산 경로를 넓히

산림 파괴로 서식지를 잃은 야생동물에 의해 바이러스가 퍼지기도 한다.

기 때문입니다. 서식지를 잃은 박쥐가 바이러스를 양돈 농장의 돼지에게 전파한 경우가 그런 사례입니다.

이렇듯 기후환경 문제는 우리 모두가 풀어야 할 과제입니다. 2020년 여름 경상남도 하동에 닥친 집중호우로 섬진강이 흘러넘치면서 건물 수백 채가 물에 잠겼습니다. 수백 명의 이재민이 발생하고 화개장터 역시 완전히 물에 잠겼습니다. 만조시간에 밀려드는 바닷물과 강물이 넘쳐난 까닭에 홍수 피해가 커졌습니다. 해수면 상승과 관련된 이러한 환경 재난은 언제라도 우리에게 닥칠 수 있습니다.

환경 파괴의 주범은 온실가스이지만, 온실가스를 만드는 주범은 인간입니다. 우리가 누리는 편리함과 풍요로운 소비 생활은 환경 파괴의 대가로 얻어집니다. 우리나라 국민 한 사람당 한 해에 배출하는 이산화탄소 양은 무려 2.63톤에 달합니다. 매연을 배출하는 자동차를 즐겨 타고, 먹고 마시고 즐기기 위해 끊임없이 제품을 구매하고, 막대한 양의 포장 쓰레기를 버리고, 냉난방 등 전기 제품을 과도하게 소비하는 현대인의 생활은 이산화탄소 배출을 기하급수적으로 증가시켜 왔습니다.

무지막지한 반환경적인 생활은 코로나 감염병이라는 환경 재앙으로 돌아왔습니다. 이러한 소비 중심의 생활을 멈추지 않는다면 우리는 생태계의 멸종, 더 나아가 인간의 죽음이라는 값비싼 대가를 치를 것입니다.

반생태적인 소비 중심의 삶을 생태적 삶으로 바꾸지 않으면 우리는 22세기를 맞이할 수 없을지도 모릅니다. 지구 환경을 지키는 일은 바로 우리의 삶을 지키는 일입니다.

우리는 어떤 실천으로 기후변화를 막을 수 있을까요?

아주 작은 실천이 기후변화를 막는 첫걸음이 될 수 있습니다. 소비자로서 우리는 친환경적으로 생산된 제품과 에너지 효율이 높은 제품을 구입하는 노력을 할 수 있습니다. 자동차 이용을 줄이고 자전거를 타거나 대중교통을 이용하면 이산화탄소 배출량을 줄일 수 있습니다. 자동차는 속도를 높일수록 연료를 많이 소비하여 이산화탄소가 많이 방출되기 때문에 적정 속도로 달리는 것이 바람직합니다. 장거리를 이동할 때에는 이산화탄소를 대량으로 배출하는 비행기보다 기차를 이용하는 것이 현명합니다.

에너지를 아끼는 실천도 중요합니다. 온실가스 방출의 74%는 연료, 난방, 전기 제품에서 발생합니다. 전원 스위치를 꺼서 전자 제품이 대기 상태로 있지 않도록 하고, 냉난방 시 적정 온도를 유지하면 에너지 낭비를 줄일 수 있습니다. 소비를 줄이기 위해 물건을 재사용 또는 재활용하거나 물건을 교환해서 쓰는 방법도 온실가스를 줄이는 일입니다.

저탄소 식사도 좋은 실천입니다. 과일과 채소 소비를 늘리고, 고기를 덜 먹는 식사는 온실가스 배출량을 줄입니다. 축산업은 막대한 이산화탄소를 배출하는 산업이기 때문입니다. 자신이 살고 있는 지역이나 가까운 곳에서 생산된 로컬 푸드를 먹는 습관도 물품 수송에 따른 이산화탄소 방출을 줄일 수 있습니다. 제철 음식을 즐기는 식습관은 지속 가능하지 않은 식품 생산을 줄이는 데 도움을 줍니다.

지구를 모든 생명이 함께 살아가는 터전으로 만들기 위해 우리는 한목소리를 내야 합니다. 정부에 재활용 에너지 보급을 요청하고, 대중교통 늘리기, 자전거와 같은 오염이 없는 교통수단 확대, 기업에 재활용이나 재사용한 제품 생산을 늘리도록 요구하는 일도 기후변화를 늦추는 좋은 실천입니다.

　우리는 지구와 환경을 위하는 일이라면 그 무엇이든 상상할 수 있습니다. 모든 사람이 지구를 살리기 위한 환경 정책에 지지한다면 국가 차원의 정책이 만들어지고 실행될 수 있습니다. 환경단체에 가입해 환경보호를 실천하거나 기후과학을 공유하는 공동체를 만들어 실천 과제를 수행하고, 국가 단위로 파트너 학교를 만들어 각 국가의 환경을 이해하며 공유하는 것도 가능합니다. 전 지구적으로 기후변화를 늦추는 해결책을 찾기 위해 과제를 수행하고 함께 참여하고 배우며, 이벤트를 만들어 시공간을 초월해서 함께하는 사람들과 환경보호에 앞장서는 일도 가능합니다.

　지구를 지키기 위해 이렇게 할 수 있는 일이 많다는 사실이 신기하지 않나요? 배달 음식을 먹고 버리는 플라스틱 용기가 기후변화와 무관하지 않다는 사실을 알게 됐나요? 아직 사용 가능한 전자제품을 신제품으로 바꾼 일이 후회되나요? 화석연료를 태우는 비행기와 자동차를 타면 북극곰의 눈물이 생각날까요? 여러분이 "예"라고 대답한다면 일단 성공! 이제부터 실천이 기다리고 있습니다. 아주 작은 것부터 한 발짝 한 발짝 시작해 볼까요? 우리 모두 함께 말이에요.

기후 악당,
착한 에너지를 찾아라

"우리나라 국내총생산 수준은 세계 12위 정도입니다. 이는 독일의 40% 수준인데, 그에 반해 에너지 사용량은 독일과 비슷합니다. 경제 규모에 비해 에너지를 넘치게 쓰고 있으니 온실가스 배출량도 많아서 '기후 악당'이라는 꼬리표가 붙었습니다."

신동한

서울대학교 기상학과를 졸업하고 서울시립대학교 대학원에서 도시계
획과 환경을 전공했다. 기후변화에 대응하기 위해서는 에너지 전환이
필수적임을 깨닫고 '에너지전환연구소'를 열고 에너지 문제 해결을 위
한 정책 대안과 실천 운동에 힘쓰고 있다. 지역 주민들과 함께 '햇빛발
전협동조합'을 설립했으며 시민이 참여하는 재생에너지 보급 확대를
위해 '전국시민발전협동조합연합상회' 상임이사로 활동하고 있다. 지
은 책으로는 『대한민국 에너지 산업 어디로 가는가?』 『왜 에너지가 문
제일까?』가 있다.

어느 날 화석연료가 사라진다면?

우리 주변에서 석유로 대표되는 화석연료가 일시에 사라진다면 어떻게 될까요? 우선 가스가 없으니 모든 가정에서 밥을 짓지 못할 것입니다. 정 급하면 산이나 공원의 나무라도 구해다가 때야 할 판이겠죠. 차가운 방에서 생활해야 하는 것은 물론입니다. 이어 자동차와 배, 비행기가 멈추어 사람들은 걷거나 자전거를 타고 이동해야 합니다. 당장은 전기로 움직이는 전철이나 전기차 정도가 운행하겠지만 전기 생산도 절반 이하로 떨어져 전기차까지는 순서가 오지 않을 수도 있습니다.

동력에만 문제가 생기는 것은 아닙니다. 사람들은 벌거숭이가 될 것입니다. 우리가 입고 있는 옷의 대부분은 석유화학산업으로 만든 화학섬유입니다. 면이나 마, 비단, 모피 등 자연 소재로 만든 옷만이 겨우 맨몸을 가려 주겠지요. 석유로 만드는 플라스틱이 없어지니 여러 생활 도구도 사라지게 됩니다. 플라스틱은 정말 다양한 곳에 쓰입니다. 음료수나 과자를 담은 포장 용기, 샴푸와 치약 같은 생활 용품이나 화장품의 케이스와 가전제품 등 우리 주변에서 플라스틱을 제외하면 거의 남는 것이 없을 정도입니다.

이처럼 오늘날 사람들은 화석연료가 없는 삶을 생각할 수 없습니

〈 세계 1차 에너지 공급 현황(2018)〉

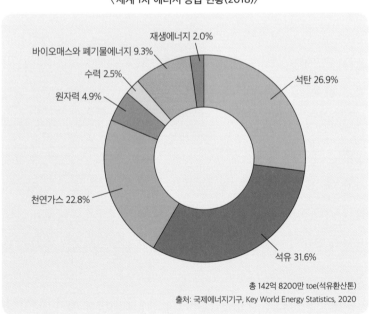

재생에너지 2.0%
바이오매스와 폐기물에너지 9.3%
수력 2.5%
원자력 4.9%
석탄 26.9%
천연가스 22.8%
석유 31.6%

총 142억 8200만 toe(석유환산톤)
출처: 국제에너지기구, Key World Energy Statistics, 2020

다. 현재 전 세계가 쓰는 에너지의 81.3%는 화석연료로 공급됩니다. 미국 텍사스 석유 기업들의 도움으로 미국 대통령이 된 조지 부시조차 현대인의 '석유 중독'을 걱정했을 정도입니다.

한편 2015년 G7 정상들은 "오는 2050년까지 이산화탄소 배출을 2010년의 40~70% 수준으로 줄이고 2100년까지 단계적으로 화석연료 사용을 중단할 것"이라고 선언했습니다. 기후변화가 위기의 단계로 접어들고 있어 더 이상 물러설 곳이 없다는 고백이었습니다. 한국도 국제 사회의 이런 흐름에서 예외일 수는 없습니다.

유럽은 이미 상당한 수준으로 재생에너지를 늘려 이 목표를 이루는 것이 가능할 것으로 보입니다. 하지만 우리나라를 비롯해 여전히 화석연료 의존도가 높은 나라들에게 21세기에 화석연료를 졸업한다는 것은 험준한 목표가 아닐 수 없습니다.

생물체에서 에너지를 얻다

에너지란 '일을 할 수 있는 힘이나 능력'을 말합니다. 자연은 역학적에너지와 열에너지, 전기에너지, 화학에너지, 복사에너지, 원자에너지, 소리에너지, 빛에너지 등 다양한 형태의 에너지가 서로 맞물려 운행합니다. 에너지는 자연이 존재하고 변화하는 동력이며 인간을 비롯한 생명체가 살아가는 근원적인 힘이 됩니다.

그중 생물은 물질대사를 통해 외부에서 화학적 에너지를 흡수하여 활용합니다. 인간은 다른 식물이나 동물을 섭취하여 그들이 탄화수소화합물 형태로 가지고 있는 화학에너지를 흡수하고요. 그리고 체내에서 지방이나 탄수화물의 탄소와 수소를 산화(이화작용)하여 에너지를 얻습니다.

그러나 자기가 만든 에너지만을 이용하는 인간은 자연 속에서는 아주 약한 포유동물일 뿐입니다. 그런 인간이 만물의 영장이 되고 문명을 이룩할 수 있었던 것은 자연의 에너지를 활용할 수 있었기 때문입니다. 약 150만 년 전 인류는 불을 사용함으로써 추위와 포식자, 벌레로부터 자신을 보호하고 음식물을 익혀 먹으며 영양 상태를 호전시켰습니다.

도구의 발전과 더불어 인류는 다른 자연의 에너지도 활용하기 시작했습니다. 흐르는 물에 뗏목을 띄우고 물레방아를 돌리는가 하면 소와 말의 힘을 빌려 물건을 날랐습니다. 자연의 에너지를 활용한 인간은 점점 활동 영역을 넓혀 갔고 마침내 오늘날 지구촌을 일일 생활권으로 묶는 고도의 문명사회를 이룩했습니다.

인류가 자연에너지를 활용하는 방법 가운데 가장 비중이 큰 것은 역시 불의 사용입니다. 불은 자연 물질을 태워(연소) 열에너지를 얻게 해 줍니다. 150만 년 전 인류는 주변에서 잘 마른 나무나 풀을 모아 태워 움막을 데우고 고기를 익혔습니다.

물질을 태우는 것은 물질과 산소가 화합하는 산화작용입니다. 그러나 쇠에 녹이 슨다든지 음식물이 부패하는 것과 같이 매우 천천히 진행되는 산화작용에서 발생하는 에너지는 우리가 사용할 수 없습니다. 따라서 우리가 '연소'라고 말할 때는 빛과 열을 수반하는 급격한 산화반응을 말하는 데 이렇게 연소하여 에너지를 내는 것은 그 물체가 가지고 있는 탄소와 수소 덕분입니다. 생물이 체내에서 탄소와 수소의 이화작용으로 에너지를 얻듯이 외부 물체의 연소 과정에서 에너지를 내는 것도 역시 탄소와 수소입니다.

여러분은 고기를 먹을 때 숯으로 구어 본 적이 있지요? 숯은 나무를 1차적으로 불완전연소시켜 질소 등을 태워 없애고 탄화물만 남긴 고급 에너지원입니다. 연기가 나지 않는 숯은 과거 부잣집의 화로에 담겨 실내 연료로 쓰였을 뿐만 아니라 장작으로는 불가능한 고온을 낼 수 있어서 철을 분리하고 가공하는 제철소와 대장간에서 사용되기도 했습니다. 목재로부터 열에너지를 얻는 '바이오매스(Biomass) 에너지* 시대'는 13세기까지 아주 오랜 기간 지속되었습니다.

---

* 생물체를 열분해하거나 발효시켜 얻는 에너지를 말합니다. 예를 들면 목재 펠릿은 나무껍질, 톱밥, 나무 조각 등의 목재 폐기물을 펠릿으로 압축하여 만듭니다.

석탄과 석유, 산업 발전을 이끌다

약 150만 년간 지속된 장작과 숯의 시대는 인구 증가로 도시 주변의 목재가 고갈되면서 위기를 맞습니다. 사람들은 그동안 유독가스 때문에 사용을 꺼리던 석탄으로 눈을 돌립니다. 석탄은 장작에 비해 훨씬 많은 에너지를 가지고 있지만 아황산가스나 불완전연소로 발생하는 일산화탄소의 독성 때문에 연료원이 되지 못했습니다. 그러나 주변 산들이 민둥산이 된 마당에 석탄을 마다할 수는 없었습니다. 대장간에서 1kg의 쇠를 얻으려면 나무는 수십 수레가 필요했지만 석탄은 한 자루면 되니 말입니다.

석탄이 가진 에너지는 어디에서 왔을까요?

석탄은 고생대와 중생대, 즉 수억 년 전 식물의 화석입니다. 오랜 시간 퇴적된 식물이 지층을 이루고 지각변동에 의해 땅속으로 들어가 높은 압력과 온도를 받아 탄화수소화합물 덩어리가 된 것입니다. 그런데 식물의 탄화수소화합물은 태양에너지를 식물이 광합성 작용으로 만든 화학적 에너지입니다. 결국 석탄의 에너지는 태양에너지가 식물에 의해 탄화수소화합물의 화학적 에너지로 변환된 다음 오랜 지질 작용을 통해 정제된 연료입니다. 이런 이유로 석탄과 석유, 천연가스를 화석연료라고 합니다. 석유는 미생물이 퇴적한 다음 진액이 모인 것이고 천연가스는 석탄과 석유의 생성 과정에서

기체 상태로 지층에 고인 화석연료입니다. 화석연료는 '엘리트 연료'라고도 불리는데, 에너지밀도가 높을 뿐만 아니라 매장 지역이 한정되어 있어서 붙은 말입니다.

영국에서 시작된 본격적인 석탄의 사용은 주거용 연료를 대체하고 제철업에도 활력을 불어넣으며 석탄 산업을 성장시켰습니다. 광산에서 물을 퍼 올리기 위해 펌프의 동력을 개발하던 이들은 마침내 증기기관을 만들어 냈습니다. 에너지밀도가 높은 석탄을 사용하는 증기기관의 발명은 태동하던 수공업에 엄청난 활력을 불어넣었습니다. 면직 공업에 증기기관이 도입되면서 가내수공업은 공장으로 확대되었고 다른 제조업으로도 빠르게 확산되었습니다. 증기기관을 이용한 철도의 건설은 물자와 사람의 이동을 촉진시켰습니다. 이렇게 처음 석탄을 사용한 영국은 제1차 산업혁명의 선두주자가 되었지요.

석유의 사용은 19세기 중반에 미국에서 시작되었습니다. 인류가 끈적끈적한 원유를 발견한 것은 오래되었지만 고대 로마시대에 도로포장에 보조적으로 사용하는 정도였지 연료원이 되지는 못했습니다. 유럽의 산업 선진국을 뒤따르던 미국은 신대륙의 땅속에서 석유를 퍼 올리고 이를 증류하여 등불을 밝히는 등유를 만들었습니다. 오늘날까지 최대 규모를 유지하는 석유 산업은 이렇게 등장합니다.

석유는 석탄보다 에너지밀도가 높을 뿐만 아니라 액체라서 어떤 용기에든 담을 수 있는 장점이 있습니다. 처음에는 조명과 취사 연료로 쓸 수 있는 등유만 모으고 폭발의 위험성이 있는 휘발유는 태워 버렸습니다. 그러나 19세기 후반 유럽에서 발명된 내연기관은 자동차 시대를 열었습니다. 휘발유와 도로만 있으면 어디든 갈 수 있는 자동차는 점점 망을 넓혀 가는 철도와 함께 교통 혁명을 이끌었습니다.

뒤를 이어 에디슨은 전기를 대중적으로 사용하는 방법을 찾아냈습니다. 수력발전과 석탄화력발전으로 전기를 만들고 전선을 연결하여 가로등을 밝히고 가정에도 공급하는 전력 산업이 출범합니다. 전기의 사용은 석탄과 석유의 고분자화합물을 이용하는 화학공업의 발전을 촉진합니다. 이렇게 세계는 석유와 전기에 의해 교통과 통신, 화학공업이 발전하는 제2차 산업혁명을 맞이합니다.

석유의 채굴 과정에서 태워 버리던 천연가스는 파이프로 장거리를 연결하거나 액화하여 운반하는 기술이 발달하면서 연료원이 되었습니다. 제2차 세계대전 이후에 본격적으로 사용한 천연가스는 에너지밀도가 높지만 오염물질을 적게 배출하여 20세기 후반 가정용 연료의 총아로 등극하였습니다.

앞에서 살펴본 바와 같이 1, 2차 산업혁명에 의해 형성된 인류의 현대 문명은 석탄과 석유, 천연가스라는 화석연료 삼형제에 기반을 두고 있습니다. 산업혁명 초기인 1800년 10억 명이던 세계 인구는

2020년에 78억 명을 넘어섰는데 이 많은 사람을 먹여 살리는 토대가 아직은 화석연료 삼형제입니다.

그런데 화석연료는 매장 자원입니다. 수억 년에 걸쳐 태양과 나무와 미생물, 지각변동이 만들어 낸 한정된 자원이죠. 한편에서는 가채매장량의 절반을 퍼 올려 앞으로 40년이면 고갈된다고 평가하고 다른 한편에서는 이보다 3배가 많은 비전통 석유가 매장되어 있어 150년을 더 쓸 수 있다고 주장합니다. 하지만 땅속에 있다고 해서 다 자원이 되는 건 아닙니다. 원유 한 통을 채굴하는 데 그보다 더 많은 에너지를 써야 한다면 그건 자원으로서의 가치가 없다고 볼 수 있습니다. 또한 채굴 비용이 산출물의 수익보다 높다면 이 역시 개발하지 않을 것입니다. 땅속의 원유가 자원으로써 가치가 있으려면 채굴에 들어가는 에너지와 비용에서 경제성이 있어야 합니다.

분명한 것은 유전에 고여 있어 수직 시추관만으로 생산할 수 있는 재래식 석유는 2006년을 정점으로 줄어들고 있다는 점입니다. 그럼에도 석유 소비가 꾸준히 늘어나자 캐나다의 오일샌드나 미국의 셰일오일 등 비전통 석유가 개발되어 시장에 진입하였습니다. 오일샌드는 원유가 섞인 모래나 바위에서 이를 분리해 내고 약간의 증류 과정을 거쳐야 재래식 원유와 같은 상태가 됩니다.

셰일오일은 고여 있는 것이 아니라 셰일 암석층에 퍼져 있는 상태라 시추 과정이 보다 복잡합니다. 우선 수직으로 시추관을 박고

〈셰일가스·천연가스 채굴 과정〉

① 지형 조사
초음파로 셰일층 측정

시추관으로 바로 시추

천연가스

② 수직 시추
셰일가스는 지하 2~4km에 주로 갇혀 있음

③ 수평 시추
셰일층에서 파이프를 수평으로 시추

셰일층

④ 수압 파쇄
수평 파이프의 콘크리트에 구멍을 내 모래와 화학물질이 섞인 물을 높은 압력으로 주입해 파쇄

다시 수평으로 시추관을 밀어 넣은 다음 모래와 화학약품, 물을 고압으로 분사하여 암석층에 균열을 만들어 가스를 뽑아내는 방식입니다. 이와 같이 비전통 석유는 재래식 석유에 비해 더 많은 공정을 거쳐야 하므로 채굴 비용이 더 듭니다. 재래식 석유를 생산하는 사우디아라비아의 원유 생산 단가가 20달러대인데 비해 오일샌드는 30달러대, 셰일가스는 40달러대를 넘어섭니다.

비교적 저렴한 석유는 점점 줄어들고 비싼 심해 석유와 비전통 석유의 비율이 늘어나는 것은 매장 자원의 당연한 경로입니다. 언젠가는 주기율표의 아버지 멘델레예프가 주장한 대로 석유를 연료로 쓰지 않고 화학공업의 원료로만 사용하는 시대가 올지도 모릅니다.

지구가 보낸 경고장

20세기 말, 화석연료 시대의 종말을 알리는 지구의 경고장이 날아들었습니다. 지구촌 곳곳에서 온난화가 일상화된 기후변화를 겪게 된 것입니다. 기후변화는 일시적인 현상이 아니라는 것이 확인되었을 뿐만 아니라 그 정도가 점점 심해지고 있습니다.

세계는 문제 해결을 위해 머리를 맞댔습니다. 1988년 설립된 기후변화에 관한 정부 간 협의체(IPCC)는 1990년 1차 보고서를 통해 온실효과에 의한 기후변화의 기제를 밝히고 21세기 동안 10년 단위로 0.3℃씩 온도가 증가할 것이라고 예측했습니다.

지구의 온난화는 대기 중에 이산화탄소와 메탄 등의 온실기체가 증가했기 때문인데 이 온실기체 증가량의 대부분이 산업화 이후 인위적으로 발생했다는 것이 과학자들의 분석입니다. 그리고 이렇게 온실기체를 증가시킨 것은 바로 화석연료의 연소 과정에서 나오는 이산화탄소가 주범이라는 것입니다. 산업화 초기인 19세기 후반 5000만 석유환산톤(toe)을 밑돌던 화석연료 소비량은 2018년 현재 약 250배에 달하는 116억 1126만 석유환산톤을 사용했습니다. 그 결과 화석연료의 연소로 발생한 이산화탄소는 같은 시기 연간 수억 톤에서 335억 톤을 넘어서게 되었습니다. 국제에너지기구는 매년 발생하는 온실기체의 68%가 에너지 분야에서 배출된다고 추정합니다.

위기의식을 느낀 각국의 정부는 1992년 리우 환경정상회의에서 '기후변화에 관한 유엔기본협약(UNFCCC)'을 체결하고 매년 당사국 총회를 열어 대응책을 마련하였습니다. 1997년 채택된 1차 실천계획은 교토의정서입니다. 교토의정서는 '공동의 그러나 차별적인' 책임 원칙 아래 그동안 많은 온실기체를 배출해 온 선진공업국들이

〈 화석연료 연소로 인한 이산화탄소 배출량 〉

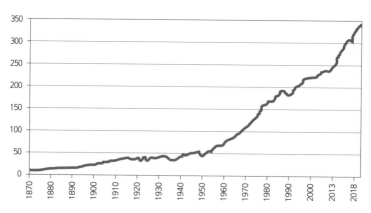

단위: 억 tCO₂(이산화탄소환산톤)
출처: 국제에너지기구(IEA), CO₂ Emissions from Fuel Combustion, 2020

먼저 감축에 나선다는 약속이었습니다. 중간에 공화당이 집권한 미국이 탈퇴하는 우여곡절을 겪기도 했지만 유럽연합은 1990년 대비 8%를 감축한다는 약속을 지켰습니다.

2012년 교토의정서 기한이 끝나자 기후변화협약 당사국 총회는 이제 모든 나라가 참여하는 파리협정을 2015년에 체결하였습니다. 파리기후변화협약에 따라 각국은 자발적 감축계획(INDC)을 유엔에 제출하고 2021부터 국제적인 실행에 착수하며 2023년부터는 5년 단위로 이행 여부에 대해 검증하기로 했습니다. 아직까지 이행 강제 방안에 대해서는 각국의 이해에 따라 의견이 엇갈리고 있지만, 유럽연합은 이를 이행하지 않는 국가에 대해 국경세를 부과하는 방안을 추진하고 있습니다. '기후 악당'이라는 오명을 쓰고 있는 우리나라로서는 수출 경제에 타격을 받을 수도 있는 상황입니다.

우리가 사랑한 원자력

오늘날 우리가 원자력발전소에서 핵분열을 통해 얻는 에너지는 본래 자연에 존재하는 것이 아닙니다. 지구에 존재하는 원자력에너지는 원자번호 81번 탈륨(Tl)부터 92번 우라늄(U)까지 원자 상태가 불안정한 방사성원소들이 자연 붕괴하며 내놓는 에너지입니다. 방사성원소들은 안정된 원소인 납이 될 때까지 양성자나 전자, 에너지를 덜어 내는 붕괴를 계속하는데, 땅속에서 이루어진 방사성 붕괴열은 지열의 근원이 됩니다. 하지만 이런 방사성 붕괴열을 인위적으로 모아서는 쓸 만한 양으로 만들기 어렵습니다.

제2차 세계대전 중 과학자들이 실험실에서 만들어 낸 핵분열 현상은 엄청난 에너지를 순간적으로 방출하여 전쟁 중인 강대국 정부의 관심을 끌었습니다. 미국은 즉시 독일을 탈출한 과학자들을 불러들여 핵무기 개발에 착수했습니다. 그리고 1945년 8월 두 발의 원자폭탄을 일본의 히로시마와 나가사키에 떨어뜨려 전쟁을 끝냈습니다. 히로시마에 떨어진 첫 번째 원자폭탄은 가옥 6만 호를 파괴하고 20만 명을 살상하는 결과를 낳았습니다.

전후 강대국은 너도나도 핵무기를 손에 넣기 위해 경쟁했습니다. 미국에 이어 구소련, 영국이 핵무기를 개발하였고 뒤늦게 프랑스와 중국이 핵무기를 손에 넣었습니다. 이에 강대국들은 더 이상 핵무기가 퍼지는 것을 막기 위해 '핵확산방지조약(NPT)'을 체결하는 한편 '원자력의 평화적 이용'이라는 구호를 내세웠습니다.

급격한 핵분열을 조절할 수만 있다면 그 과정에서 얻어지는 막대한 양의 에너지는 충분히 매력이 있었습니다. 마침내 핵분열 속도를 제어할 수 있게 된 미국과 구소련, 영국, 캐나다는 1960년대 말부터 상업적인 원자력발전소를 건설했습니다. 핵무기에 접근하려는 각국의 열망은 원전의 확대를 촉발하여 현재까지 38개국에서 444기의 원전을 건설했습니다.

그러나 원전은 여전히 안전성의 문제를 해결하지 못하고 있습니다. 그동안 미국의 스리마일섬 원전과 구소련의 체르노빌 원전, 일본의 후쿠시마 원전이 원자로 용융 사고를 일으켜 큰 피해를 입었습니다. 원전은 원자로의 폭주를 막지 못하면 원자폭탄과 다를 바 없습니다. 그리고 그 후유증은 수십 년간 지속될 뿐만 아니라 복구하는 데도 막대한 비용이 듭니다. 1986년에 사고가 난 체르노빌 원전 인근 30km는 아직도 접근이 금지되고 있습니다. 일본경제연구센터에 의하면 2011년에 폭발을 일으킨 후쿠시마 원전의 사고 수

©Shutterstock

1986년 원전 사고 이후 지금까지 폐허로 남은 우크라이나 체르노빌 인근 지역.

습 비용은 최대 826조 원에 이를 것이라고 합니다.

원전의 문제는 또 있습니다. 10만 년 이상 격리 보관해야 하는 핵폐기물의 처리장조차 확보하지 못하고 있다는 점입니다. 우리나라는 원전에서 사용한 방호복과 필터 등 중저준위 방사성폐기물 처분장을 2014년 경주시에 설치했습니다. 지하 80~130m의 콘크리트 저장고를 짓고 드럼통에 담아 보관하는 이 폐기물은 최소 300년 이상 지나야 방사성 핵종(核種)들이 사라집니다.

그런데 사용하고 난 핵연료봉은 플루토늄을 비롯한 강력한 방사성 핵종들이 있어서 중저준위 처분장보다 더 안전한 장소에 10만 년 이상 격리되어야 합니다. 1978년 고리 1호기를 가동한 지 40년이 넘은 우리나라는 현재 22기의 원자로에서 나오는 사용 후 핵연료의 보관 능력을 넘어서고 있습니다. 하루빨리 고준위 처분장을 확보해야 하지만 어느 지역도 이 시설을 받아들이려 하지 않아서 여전히 공론화위원회만 가동하고 있을 뿐입니다. 오늘 쓸 전기를 만들겠다고 위험한 폐기물을 후대에 넘겨주는 일이니 그 결정이 쉽지 않은 것은 물론이겠죠.

원전의 필요성을 강조하는 전문가들은 다른 발전원에 비해 원자력이 경제적이라고 설명합니다. 과연 그러한지는 따져 볼 문제입니다. 우리나라 한국전력공사에서 사들이는 전력 가격만 보면 재생에너지나 천연가스는 물론 석탄화력발전보다도 저렴합니다. 그러나

이 가격에는 원전을 건설하거나 운영, 핵폐기물의 처리 과정에 들어가는 공공자금이 반영되지 않았고 사고 발생 시에 들어가는 수습 비용도 제외되어 있습니다. 따라서 한국환경정책평가연구원*조차도 숨은 비용과 위험회피 비용을 고려하면 원전의 실제 생산 단가는 다른 발전원보다 높을 수 있다고 분석합니다.

이런 이유로 독일은 30기의 원자로를 이미 폐로하고 오는 2022년까지는 남은 6기도 모두 폐로하기로 결정했습니다. 또한 스위스를 비롯해 많은 나라가 원전 폐기를 추진하고 있습니다. 여전히 원전 건설을 추진하는 나라는 핵기술의 유지가 필요한 핵무기 보유 국가와 핵무기에 대한 미련을 버리지 못하는 일부 국가뿐이라고 할 수 있습니다.

세계적으로 원전시장이 축소하고 있는 만큼 한국의 원자력산업은 원전 건설이 아니라 기존 원전의 안전 운영과 폐로에서 활로를 찾아야 합니다. 원전 폐로는 막대한 비용과 시간이 들어가는 일입니다. 이 과정에서 원전과 관련된 일자리에 있는 사람들이 직업을 유지하거나 다른 분야로 이직하기 위한 직업훈련을 받을 수 있을 것입니다.

---

* 환경정책을 연구하고 환경영향평가 검토 업무를 수행하는 국책 연구기관입니다. 공공기관으로서는 처음으로 2013년에 원전의 생산단가가 최고 kWh당 254.3원이 될 수도 있다는 내용이 담긴 보고서를 발간했습니다.

재생에너지 시대가 열리다

21세기는 화석연료에 기반을 둔 산업혁명이 전 세계로 확산되었습니다. 그에 따라 화석연료의 생산량은 급격하게 늘어났고 수요가 늘어나는 만큼 가격 상승도 뒤따랐습니다.

화석연료의 공급에 비상등이 켜진 것은 1973년 1차 석유파동*입니다. 4차 중동전의 발발을 계기로 중동 산유국이 감산에 들어가면서 국제 유가는 불과 2~3개월 만에 4배나 폭등했습니다. 당시 우리나라의 물가는 한 해에 약 25% 오르고 경제성장률은 반토막이 나는 피해를 입었습니다.

석유 위기를 겪으면서 화석연료를 수입하는 나라들은 에너지 자립의 중요성을 깨달았습니다. 세계는 대체에너지 개발에 눈을 돌리며 자국의 자원을 활용할 수 있는 에너지 개발에 착수했고요.

대체에너지 개발의 첫 성과는 풍력발전에서 나왔습니다. 풍차의 나라 덴마크에서는 일찍이 1930~1940년대에 농촌 지역의 개별 농장에 풍력발전기를 도입한 적이 있지만 화력발전의 경제성에 밀려 보급이 중단되었습니다. 그러나 1차 석유파동 이후 덴마크는 정부

---

* 1973년의 아랍 산유국의 석유 무기화 정책과 1978년의 이란혁명 이후, 두 차례에 걸친 석유 공급 부족과 석유 가격 폭등으로 세계 경제가 큰 어려움을 겪은 일을 말합니다.

와 민간에서 풍력발전에 대한 연구 개발이 활발하게 이루어져 마침내 1970년대 말 상용화에 성공합니다. 1979년에 일어난 2차 석유 파동은 대체에너지에 대한 각국의 요구를 증가시켜 덴마크의 풍력 발전기는 미국으로 수출하는 효자 상품이 되고 풍력산업은 덴마크의 중심 산업이 되었습니다.

이렇게 시작된 현대적 풍력발전은 1980년대 유럽의 적극적인 지원 정책에 힘입어 빠르게 성장했습니다. 당시 유럽은 환경 의식이 높아지고 1986년 체르노빌 원전 폭발 사고의 낙진 피해로 탈원전 정책이 도입되는 시기였습니다. 1990년대 초가 되면서 풍력발전은 화석연료 발전원에 대한 경쟁력을 갖추고 전 유럽으로 확산되었습니다.

뒤를 이어 받은 것은 태양광발전입니다. 태양열을 모아 물을 데워 사용하는 태양열 온수기는 이 무렵 이미 널리 사용되고 있었지만 햇빛으로 전기를 생산하는 것은 쉬운 일이 아니었습니다. 태양전지가 처음 사용된 곳은 1950년대 말 인공위성이었습니다. 인공위성을 대기권 밖으로 쏘아 올리는 데는 지상의 연료를 탱크에 담아 쓸 수 있었지만 대기권 밖에서 움직이는 동력원까지 가지고 나갈 수는 없었습니다. 대기권 밖에서도 구할 수 있는 에너지, 그건 바로 햇빛이었고 또한 지상에서보다 훨씬 풍부하기 때문입니다.

그렇게 개발된 태양전지는 매우 비싸서 국가적인 사업으로 진행하는 인공위성에나 쓸 수 있었습니다. 하지만 기술 개발이 쌓여 가면서 1970년대 후반에는 전선을 끌어갈 수 없는 오지의 신호등이나 무인 등대 등에도 활용할 수 있는 수준이 되었습니다. 그리고 1980년대 말 스위스와 독일에서 가정에 소규모 태양광발전기를 설치하는 사업을 지원하면서 대체에너지 반열에 올라섰습니다. 햇빛에서 바로 전기에너지를 만드는 태양전지는 어디서나, 누구나 전기생산자가 될 수 있어 에너지산업의 생태계를 바꾸고 있습니다.

여기서 주목할 것은 풍력과 태양광은 전기 생산 과정에서 오염물질이 발생하지 않는 청정에너지일 뿐만 아니라 사용한다고 없어지거나 줄어들지 않고 계속 공급받을 수 있는 자연에너지라는 점입니다. 그래서 얻은 이름이 재생가능 에너지(Renewable Energy) 혹은 재생에너지입니다. 인류는 이제 고갈되지 않고 계속 얻을 수 있으며 환경에 미치는 악영향이 적어 지속 가능한 에너지를 활용할 수 있는 문명의 수준에 오른 것입니다.

현재 사용하거나 개발 중인 재생에너지는 풍력, 태양열, 태양광, 수력, 지열, 해양 에너지 등입니다. 그런데 사실 태양계 모든 에너지의 근원은 태양입니다. 따지고 보면 화석연료도 수억 년 전 지구의 식물과 미생물이 광합성을 하여 만들어 낸 화학에너지입니다.

핵융합으로 엄청난 에너지를 만들어 내는 태양은 전자기파의 형태로 그 에너지를 사면팔방으로 방출합니다. 인류는 햇볕의 따뜻

풍력과 태양광은 전기 생산 과정에서 오염 물질이 발생하지 않는 장점이 있다.

함을 활용하는 방향으로 집을 지었습니다. 물레방아를 돌리는 수력은 물을 증발시켜 위치에너지를 올려 준 태양 덕분입니다. 풍차를 돌리는 풍력 역시 햇볕을 받아 데워진 공기의 흐름이 만들어 낸 에너지입니다. 해류나 해수 온도차를 이용한 해양에너지 역시 바닷물이 데워지는 차이에서 발생합니다. 심층 지열만이 방사성원소들의 붕괴열에 기인하는 정도입니다. 재생에너지는 태양이 적색거성으로 확장하는 50억 년 후까지는 안심하고 사용할 수 있을 것입니다.

세계 각국의 에너지 대책

1992년 체결된 기후변화협약은 전 세계적으로 에너지 전환에 대한 인식을 고취하였습니다. 점점 심각해지는 기후변화는 온실기체 발생의 원인인 화석연료의 사용을 줄이고 재생에너지 중심의 에너지 체제로 전환해야 한다는 공감대를 확산시켰습니다. 그러나 유럽연합이 적극적인 온실가스 감축 방안을 시행한 데 비해 미국은 석유가스 산업의 지지를 받는 공화당 정부가 들어설 때마다 국제적인 협력에서 발을 빼는 모습을 반복하였습니다. 개발도상국가는 경제적인 이유에서 화석연료에 의존할 수밖에 없었습니다. 석탄이나 석유에 비해 아직 풍력이나 태양광 발전은 비싼 에너지입니다.

우리나라가 배울 만한 에너지 전환의 모범 사례는 독일입니다. 덴마크, 노르웨이 등도 에너지 전환에서 앞서가는 나라들이지만 경제 규모나 수출 제조업이 산업의 중심이라는 점에서 독일의 에너지 전환 정책은 본받을 만합니다.

독일은 1990년 전력망 접속법을 개정하여 풍력이나 태양광 등 재생에너지로 발전한 전력은 전력공급회사가 우선적으로 구매하도록 의무화했습니다. 가격도 시장 가격보다 비싸게 소비자 가격의 90%로 사 주도록 했습니다. 그때 이미 육상 풍력발전은 경쟁력을 갖추었으나 태양광발전은 아직 생산 비용에 미치지 못합니다. 이에 독일 서부의 아헨시에서는 태양광발전에 대해 생산비를 보전하는 조례를 제정하여 지원했습니다. 이런 지원 정책에 힘입어 1990년대 아헨시에서는 태양광발전이 빠르게 보급되었고 독일 연방정부는 2000년에 재생에너지법을 제정하여 재생에너지로 생산한 전력을 생산비 보전 가격으로 완전 구매하는 기준가격의무구매제(FIT)를 도입했습니다. 그 결과 독일은 2019년 발전량의 3분의 1 이상을 풍력과 태양광, 바이오 에너지로 생산하여 1차 에너지의 14.1%를 재생에너지로 공급할 수 있었습니다.

덴마크는 발전량의 3분의 2 이상을 재생에너지로 생산하는 수준에 달했습니다. 석유업체의 입김이 센 미국조차도 발전량의 17%를 재생에너지로 생산하고 일본도 비슷한 수준입니다. 그러나 우리나라는 불과 발전량의 3.8%, 1차 에너지의 1.9%만을 재생에너지로 공급하여 경제협력개발기구(OECD) 회원국 가운데 최하위를 면치 못하고 있습니다.

〈 주요 국가 재생에너지 공급 비중(2018) 〉

	미국	일본	영국	덴마크	독일	한국
1차 에너지	7.8	5.9	11.5	33.4	14.1	1.9
발전량	17.0	17.8	33.5	69.3	35.3	3.8

(단위: %, 출처: 한국에너지공단, 2019년 신재생 에너지 보급 통계)

대한민국의 에너지 대책

우리나라 상황을 살펴보겠습니다. 에너지 소비의 약 94%를 수입에 의존하는 우리나라는 2018년에 163조 원어치의 1차 에너지원을 수입했습니다. 그런데 우리나라가 덴마크처럼 3분의 1의 에너지를 재생에너지로 공급한다면 53조 원이라는 돈이 해외로 나가는 대신 국내에서 순환되어 고용 창출에 이바지할 수 있게 된다는 말입니다. 온실가스 감축은 덤으로 따라오는 효과입니다. 의무 불이행으로 국경을 통과하는 수입 화물에 매기는 국경세 부과 등 경제적 제재를 피해갈 수 있음은 물론입니다.

과연 우리나라에서 활용할 수 있는 재생에너지는 얼마나 될까요?

한국에너지기술연구원에서 산정한 바에 따르면 이론적 잠재량은 모두 479억 8028만 석유환산톤에 이릅니다. 현재의 기술 수준과 지리적 영향을 반영한 기술적 잠재량은 17억 6583만 톤, 경제성과 환경 규제 등을 반영한 시장 잠재량은 1억 3185만 톤입니다. 2018년에 우리나라 1차 에너지 공급량이 3억 750만 톤이었으니 기술적 잠재량은 우리가 쓰는 것보다 5배나 많습니다. 현재의 시장 잠재량만 모두 활용한다 해도 우리나라의 에너지 자립도는 6%에서 43%로 높아질 수 있는 정도입니다.

일부 전문가들은 재생에너지가 아직 경제성이 없다고 말합니다.

하지만 세계가 에너지 전환에 적극적으로 나서며 재생에너지의 보급량을 늘리고 있어서 가격 또한 빠르게 하락하고 있습니다. 육상 풍력은 이미 화석연료에 대해 경쟁력을 갖추었으며 대규모 태양광 발전도 거의 비슷한 수준까지 가격이 내렸습니다. 시장에서는 주택의 지붕이나 옥상에 올리는 작은 태양광발전도 10년 이내에 평균 전력 가격에 이를 것으로 예상합니다.

더구나 그동안 재생에너지에 소극적이었던 개발도상국가도 태양광과 풍력발전의 보급에 나서고 있습니다. 외딴 지역에 대규모 발전소를 건설하고 송전망으로 소비지와 연결하는 현재의 방식은 막대한 비용을 들여 송배전 시설을 건설해야 합니다. 하지만 어디에나 골고루 주어지는 재생에너지는 분산형 발전이 가능해 송배전 시설을 갖추어야 하는 부담을 줄일 수 있습니다. 아프리카 오지 마을이라면 대형 발전소에서 전선을 끌고 가는 것보다는 현지에 태양광이나 풍력발전을 설치하는 것이 훨씬 경제적이겠죠. 전력 사정이 좋지 않은 북한 주민이 장마당(농민시장)에서 중국산 태양광 패널을 사다가 설치하는 이유도 마찬가지입니다.

재생에너지의 현재와 미래

파리기후변화협약 이후 각국은 에너지 전환에 대한 노력을 더하고 있습니다. G7 정상들의 선언대로 석탄과 석유, 천연가스 삼형제가 연료로 태워지는 건 21세기가 마지막일 것입니다. 화석연료는 귀한 고분자화합물로 화학산업 원료의 역할에 충실할 것입니다.

근래 전 세계에 유행하고 있는 코로나19로 인해 일상생활은 물론 사회적으로도 방역을 위한 체제와 질서가 새롭게 자리 잡고 있습니다. 그동안 우리가 무시했던 지구촌의 핵심 과제가 새삼 사람들의 관심을 받고 있습니다. 바로 기후변화와 에너지 전환이라는 주제입니다.

그동안 우리 사회에서는 '우리에게 피해가 있는 것은 아니잖아?' '기온이 올라간다고 꼭 나쁜 건 아니잖아?'라는 안이한 인식이 대부분이었습니다. 정부에서도 적극적인 노력을 기울이지 않았습니다. 그리하여 온실가스 배출 세계 7위를 차지하며 '기후 악당'이라는 오명까지 안게 되었습니다.

그러나 2020년 코로나19의 대유행과 긴 장마는 자연환경에 끼친 인류의 영향을 되돌아보게 했습니다. 그리고 기후변화가 이미 '기후 위기' 단계에 이르렀으며 그 해법은 화석연료의 시대를 마감하는 에너지 전환에 있다는 공감대가 확산되고 있습니다. 국민

인식의 변화에 따라 정부에서도 전염병 대유행으로 인한 경제 위기 대책으로 '그린 뉴딜(Green New Deal)'을 내세운 것도 그 일환입니다.

그린 뉴딜은 이에 앞서 미국과 유럽에서도 수립된 바 있습니다. 유럽연합은 2019년 12월 유럽연합 정상회의에서 '유럽 그린 딜(European Green Deal)'에 합의했습니다. 유럽연합은 2050년까지 탄소중립을 목표로 재생에너지 보급 등에 향후 10년간 1조 유로(약 1315조 원)를 투자하겠다는 계획입니다. 미국의 '그린 뉴딜' 역시 2050년까지 청정에너지 경제를 구축하여 탄소중립을 달성하는 것을 목표로 한 민주당의 정책입니다. 2020년 선거에서 당선된 바이든 정부는 트럼프 정부가 탈퇴한 파리기후변화협약에 복귀하여 기후변화에 대응하는 국제 협력을 강화할 전망입니다.

전 세계 모든 나라가 궤도에 진입한 에너지 전환, 과연 재생에너지가 중심이 되는 에너지 체제는 어떻게 전개될까요?

일찍이 미국의 미래학자 제러미 리프킨은 이를 '3차 산업혁명'이라고 명명하였습니다. 석탄과 증기기관이 불러온 1차 산업혁명은 산업사회의 기초를 만들고 인쇄술의 발달로 노동력의 질적 향상을 촉발하였습니다. 20세기 초반 석유와 전기·화학 산업에 의한 2차 산업혁명은 자동차와 통신의 발달로 산업사회를 세계화하고 지구촌을 1일 생활권으로 묶었습니다. 이제 21세기는 재생에너지와 정보통신산업의 결합으로 3차 산업혁명 시기에 들어서 공유와 협업의 새로운 사회적 체계를 지향한다는 것이 제러미 리프킨의 분석입니다.

〈제러미 리프킨이 설명한 3차 산업혁명 개요〉

동력	1차 산업혁명(19세기)	2차 산업혁명(20세기)	3차 산업혁명(21세기)
에너지 기반	석탄 + 증기기관	석유 + 내연기관	태양열, 풍력 등 재생에너지
커뮤니케이션 기술	인쇄술, 전보	전화, TV, 라디오	사물인터넷
특징	소유의 시대, 기업의 수직적 통합과 대규모 자본 필요	소유의 시대, 기업의 수직적 통합과 대규모 자본 필요	공유의 시대, 생산자와 소비자가 결합되는 프로슈머(Prosumer)의 시대

재생에너지는 청정하고 고갈하지 않는 지속 가능한 에너지로써 세계 어디나 존재합니다. 그러나 한 지역에 주어지는 양이 엘리트 에너지인 화석연료에 비해 적고 간헐적으로 존재한다는 한계가 있습니다. 태양에너지는 해가 떠 있는 낮 시간에만 주어지고 날씨에 따라 그 양이 변합니다. 풍력 역시 바람의 세기가 시시때때로 바뀌는 것에 영향을 받습니다.

이런 재생에너지의 소규모 분산성과 간헐성을 극복하게 해 준 것이 바로 정보통신산업의 발달입니다. 전기의 생산, 운반, 소비 과정에 IT 기술을 접목하면서 전력 공급자와 소비자가 양방향으로 정보를 교환함으로써 효율성을 높인 스마트 그리드(Smart Grid)가 그 예입니다. 스마트 그리드의 개발로 전력 공급자는 전력 사용 현황을 실시간 파악하여 전력을 탄력적으로 공급할 수 있습니다. 겨울이나 여름에 부족하기 쉬운 상황을 대비하고 안정적으로 전력을 공급할 수 있는 장점이 있습니다. 물론 이를 위해서는 IT 기술이 뒷받침되어야 하는 것은 당연하고요.

우리가 '악당'이라고?

우리나라는 한 해에 에너지를 얼마나 사용할까요?

앞에서도 살펴봤지만 2018년에만 3억 7500만 석유환산톤에 달하는 1차 에너지를 사용했습니다. 이 중 약 94%는 해외에서 수입한 석탄과 석유, 천연가스, 우라늄입니다. 이는 세계에서 7번째 많은 양으로 2019년에는 그 사용량이 독일을 앞섭니다.

우리나라 국내총생산 수준은 세계 12위 정도입니다. 이는 독일의 40% 수준인데, 에너지는 독일과 비슷한 양을 쓰는 것입니다. 살림에 비해 에너지 다소비 국가이니, 온실가스 배출량도 많아서 '기후 악당'이라는 꼬리표가 붙었습니다. 지속적인 경제 성장에도 불구하고 에너지 수요가 정체하거나 줄고 있는 독일이나 덴마크 등의 사례를 타산지석으로 삼을 필요가 있습니다.

에너지를 얼마나 효율적으로 쓰는가를 알아보기 위해서는 '에너지 원단위'를 비교합니다. 1000달러의 부가가치를 생산하는 데 몇 톤의 에너지를 썼는가가 바로 에너지 원단위입니다. 2018년 우리나라의 에너지 원단위는 0.18로 세계 평균 0.17과 비슷합니다. 그러나 우리와 경쟁 상대인 독일은 0.08, 일본은 0.09로 우리가 2배가량 많습니다.

같은 제품을 만들면서 독일이나 일본보다 2배나 많은 에너지를 사용하니 가격 경쟁력이 떨어질 수밖에 없습니다. 그러다 보니 기업의 국제 경쟁력을 높이기 위해 산업용 전기를 저렴하게 공급합니다. 기업은 전기료가 저렴하니 아껴 쓸 노력을 하지 않습니다. 악순환이죠.

에너지 수요를 줄이기 위해서는 우선 에너지 가격을 현실화해야 합니다. 그동안 정부는 에너지를 생존의 필수 재화로 보고 가격 인상을 억제해 왔습니다. 그러다 보니 요금에 반영되지 않는 외부비용이 많이 발생했습니다. 대기오염이나 온실가스 저감 비용이 대표적인 외부비용입니다. 화력발전은 온실기체뿐만 아니라 미세먼지를 유발하는 대기오염물질을 배출합니다. 하지만 이런 비용을 에너지 가격에 반영하지 않고 따로 공공 예산을 들여 미세먼지 감소나 온실기체 감축 정책을 시행해 왔습니다. 향후에는 탄소세*를 도입하거나 기존 세제를 강화하는 방식으로 적용될 전망입니다.

지금은 에너지 효율화에 개인과 기업, 정부가 적극 나서야 할 때입니다. 여러분을 포함한 각 가정에서는 에너지 소비 효율이 높은 제품을 사용하고, 대기전력을 절감하는 접속기를 쓰는 것이 좋습니다. 필요 이상의 냉난방을 하지 않고 빈방에 불을 켜 두지 않는 습관도 아주 좋습니다.

건축물은 단열의 정도와 창문 설비의 기밀성에 따라 에너지 소비량에 큰 차이가 납니다. 현재 일정 규모 이상의 건물에 시행하는 건축물 에너지효율등급제도는 머지않아 모든 건물로 확대되지 않을까 싶습니다.

우리나라에서 가장 많은 에너지를 소비하는 산업 부문에서는 생산 공정을 개선하고 효율이 높은 기계를 설치하며 종합적인 에너지 관리시스템을 도입하여 소비를 줄일 수 있습니다. 정부의 지원을 받아 중소기업에 에너지 효율화 시설을 설치하는 것을 돕고 에너지 절감액으로 투자액을 회수하는 에스코(ESCO, Energy Service Company) 기업을 활용할 수도 있습니다.

한 국제공동연구는 우리나라가 현재 기술 수준의 에너지 효율화 방법을 모든 분야에서 적용한다면 전체 원전에서 생산하는 전력만

---

* 환경세의 일종으로 이산화탄소와 같은 온실가스를 방출할 때 부과됩니다. 대개 화석 연료를 사용하는 경우 부과하는데 온실가스의 배출을 줄여 지구온난화를 방지하고, 거둔 세금으로 온실가스 배출을 줄이는 데 사용합니다.

큼의 절감 효과를 낼 수 있다고 분석했습니다. 그만큼 에너지 효율화는 적은 비용으로 기후변화에 대응할 수 있는 강력한 방법이기도 합니다. 청정하고 지속 가능한 재생에너지의 보급을 확대하는 한편, 에너지 수요를 줄이는 작은 실천이 절실합니다.

4장 생산과 소비

끝없는 생산과 소비에 브레이크를 걸어라

"코로나19로 바뀐 개인 소비 형태는 대량생산·대량소비의 환경을 바꾸는 요인이 될 거라는 전망이 이어집니다. 배타적 소유가 아닌 협력적 공유를 추구하는 경제 활동이 늘어나며 저렴한 가격보다는 취향과 가치에 맞고 다양한 경험을 누릴 수 있는 상품을 찾는 소비가 활발해졌으니까요."

석혜원

서울대학교 가정관리학과를 졸업하고 연세대학교 경영대학원에서 경제학을 전공했다. 메트로은행 서울 지점장 겸 한국 대표를 지내면서 자녀들이 어렸을 때 볼 만한 경제 책이 없는 것이 안타까워 펜을 들었다. 지금은 어린이와 청소년뿐만 아니라 성인도 쉽고 재미있게 경제를 이해할 수 있도록 도와주는 글쓰기에 전념하고 있다. 지은 책으로는 『용돈 좀 올려 주세요』 『MUST KNOW 대한민국 경제사』 『엎치락뒤치락 세계경제 이야기』 『시장과 가격 쫌 아는 10대』 『그러니까 경제가 필요해』 『둥글둥글 지구촌 경제 이야기』 『공유경제 쫌 아는 10대』 등이 있다.

왜 등골 브레이커가 유행했을까?

"떼를 쓰고 애를 써서 얻어 냈지, 찔리지? (……) 그깟 패딩 안 입는다고 얼어 죽진 않아."

방탄소년단이 2014년에 발표한 노래 〈등골브레이커〉에 나오는 가사입니다. 부모의 등골을 휘게 할 만큼 비싼 상품을 일컫는 '등골 브레이커'는 2011년 청소년 사이에서 수십만 원이 넘는 가격의 패딩 점퍼가 유행하면서 생긴 말입니다. 품질이나 디자인도 좋고 저렴한 패딩 점퍼, 가방, 신발 등이 많은데 왜 등골 브레이커가 유행했을까요? 가격이 비싸도 남들이 알아주는 상품을 가졌다는 걸 자랑하려는 과시적 소비에 물든 청소년이 많았기 때문입니다.

'필요'가 아니라 '자기 과시'를 위한 소비는 19세기 말부터 시작되었습니다. 18세기에 일어난 산업혁명으로 공업화가 이루어지자 공장에서 기계를 사용하여 의류나 장식품 등 소비재 상품을 대량으로 생산하게 되었습니다. 산업혁명이 일으킨 생산 혁명은 유통 혁명을 통해 소비 혁명으로 이어졌습니다. 유통과 소비 혁명은 19세기 중반 이후 유럽과 미국에서 속속 등장했던 백화점이 주도했어요. 백화점은 최상위 계층이 아니라 중산층과 소득수준이 높은 임금노동자를 겨냥하여 판매 전략을 세웠습니다. 최상위 계층 사람들은 고객을 특별 관리하는 전문 상점에서 옷을 맞춰 입었기 때문입니다. 백화점은 최고급품은 아니지만 유행에 민감한 신상품을 계속

1852년 세계 최초로 등장한 프랑스 파리의 봉 마르셰 백화점 내부 모습.

소개하면서 소비를 부추겼습니다. 상류층의 소비를 모방하여 모자를 쓰고 비단 속옷을 입으면 사회적 지위가 올라간다고 착각하도록 만들면서 말입니다. 자녀들은 부모보다 나은 삶을 살기 원하는 심리를 이용해 자녀를 위한 소비를 적극 권하기도 했습니다. 백화점의 판매 전략은 효과를 발휘하여 소비는 계속 늘어났습니다. 그 결과 대량 소비 시대가 열리며 소비 행태도 변했어요. 무엇을 소유했는지에 따라 사람을 판단하는 경향이 짙어지면서, 다른 사람에게 보여 주기 위한 과시적 소비를 하게 된 것입니다.

20세기에 들어 사람들은 더욱 소비에 빠져들었습니다. 여러 나라의 정부가 소비는 경제를 살리는 윤활유라고 확신하고, 소비를 부추기는 경제 정책을 쏟아 냈기 때문입니다. 이런 경제 정책에 힘을 실어 주었던 사람은 20세기의 가장 위대한 경제학자로 평가받는 존 메이너드 케인스입니다.

제1차 세계대전 이후 세계 경제의 주도권은 유럽에서 미국으로 넘어갔습니다. 유럽 국가들이 전쟁을 치르는 동안 미국은 전쟁 물자를 팔아 많은 돈을 벌어들였기 때문입니다. 부자가 된 미국 사람들은 생활필수품은 물론 라디오와 자동차 등 상업화에 성공한 새로운 상품들을 마구 사들였습니다. 기업은 소비가 계속 늘어날 것으로 전망하고 생산을 늘렸습니다. 하지만 호경기는 그리 길게 가지 못했습니다. 1929년 10월 24일 미국 주식시장의 주가가 폭락하면서 세계는 역사상 최악의 경제 공황을 겪게 되었어요.

이때 불황 극복을 위한 해결책을 제안한 경제학자가 바로 케인스입니다. 그는 생산과 고용은 구매력에 관계없이 물건을 사고자 하는 절대적 수요가 아니라, 실제로 돈을 갖고 물건을 사려는 유효수요에 의해 결정된다고 했습니다. 그리고 불황의 원인은 소득이 감소되어 유효수요의 부족으로 소비가 줄었기 때문이라고 판단했습니다. 소비가 줄어서 물건이 팔리지 않아서 기업의 생산이 줄어들었고, 기업이 생산을 줄이니 일자리가 줄었다고 분석한 것이죠. 그래서 경제를 살리려면 먼저 소비를 살려야 하고, 소비를 살리기 위해 정부가 돈을 쓰거나 세금을 줄여서 사람들이 소비할 수 있도록 쓸 돈을 늘려야 한다고 역설했습니다. 미국의 루스벨트 대통령은 케인스의 처방을 따르며 정부가 앞장서서 사업을 벌이는 뉴딜 정책을 폈고, 미국의 경제 활동은 서서히 활기를 찾았습니다. 그래서 경제가 회복되려면 소비가 살아나야 한다는 케인스의 경제 이론이 설득력을 얻게 된 것입니다. 이후 선진국들은 더 풍요로운 생활을 위해, 개발도상국들은 가난에서 벗어나기 위해 소비를 부추기는 경제 정책을 통해 경제 성장을 꾀했습니다.

패스트 패션의 부추김 "유행에 뒤지지 마세요"

기업들은 과시적 소비 심리를 겨냥하여 계속 새로운 유행을 만들어 내는 마케팅 전략을 펴고 있습니다. 옷을 생산하고 판매하는 의류산업은 유행을 좇는 소비를 가장 부추기는 분야입니다. 사람들은 추위나 부상, 병균으로부터 자기 몸을 보호하려고 옷을 입기 시작했습니다. 왕이나 귀족들이 보통 사람들과 구별이 되는 옷을 입었던 계급 사회에서는 옷이 신분을 나타내는 도구이기도 했어요.

자기 마음대로 옷을 입을 수 있는 시대가 되면서 옷은 개성과 멋을 표현하는 강력한 수단이 되었습니다. 그러자 패션 기업들은 판매량을 늘리기 위해 옷이 해어질 때까지 기다리지 않고, 매년 주기적으로 새 옷을 사도록 새로운 유행을 만들어 냈습니다. 계절이 바뀌기 전에 패션쇼를 열어 새롭게 유행할 옷의 색상과 스타일을 미리 알려주면서 말입니다. 그리고 모델이나 인기 연예인들에게 새로운 옷을 입혀서 광고하고, 매장에서 가장 잘 보이는 곳에 유행할 옷을 전시합니다. 새로운 유행에 익숙해진 소비자의 눈에는 옷장 속에 있는 옷들이 촌스럽게 보여요. 그래서 우리는 계절이 바뀔 때마다 주기적으로 새 옷을 사게 됩니다. 1990년대 '패스트 패션(Fast Fashion)'이 등장하자 유행을 좇는 소비자들은 환호성을 질렀습니다. 패스트 패션은 주문하면 바로 먹을 수 있는 패스트푸드처럼 빠

저임금 국가에서 생산한 '패스트 패션'으로 최근 20년간 의류 생산량은 4배 증가했다.

르게 만들어 파는 의류를 말합니다.

여러분은 패스트 패션을 좋아하나요? 우리가 즐겨 입는 패스트 패션에 어떤 이야기가 숨어 있는지 함께 살펴볼까요? 1995년 모든 산업의 시장 개방화를 목표로 세계무역기구(WTO)가 출범하면서 국가 간의 상품과 노동, 서비스 등의 자유로운 교류가 활발해졌습니다. 그러자 노동집약적 산업을 이끄는 공장들은 중국, 인도, 베트남, 방글라데시 같은 임금이 저렴한 나라로 옮겨 갔습니다. 세계가 하나의 시장이 되자 선진국에서 기획하고 디자인한 옷을 저임금 국가에서 생산하여 전 세계 매장에서 판매하는 패스트 패션 기업들이 등장했습니다.

패스트 패션 기업의 무기는 최신 유행을 반영한 디자인과 저렴한 가격입니다. 패스트 패션을 스파(SPA, Speciality retailer of Private label Apparel)라고도 하는데, 말 그대로 패스트 패션 기업은 옷을 직접 기획하여 생산하고, 유통과 판매까지 모든 과정을 하나로 묶은 시스템을 갖추고 있습니다. 하나의 업체가 관리하니까 고객의 취향과 시장 상황을 즉시 파악하여 1~2주 만에 새로운 상품을 만들어 낼 수 있습니다. 그래서 패션쇼에 등장한 옷이나 유명 스타들이 입은 옷이 인기를 끌게 되면 한 달 후 매장에 비슷한 옷과 액세서리를 진열할 수 있어요. 전 세계에 매장을 가진 패스트 패션 기업은 비슷한 디자인의 옷을 엄청나게 많이 만듭니다. 한꺼번에 많은 상품을 생산하면 한 개를 생산하는 데 드는 비용이 줄어 '규모의 경제' 효과가 생깁니다. 이런 방식으로 생산 비용을 낮추니까 옷의 가격을 저렴하게 매길 수 있습니다.

패스트 패션은 2000년대 중반부터 유럽을 중심으로 빠르게 성장했고 미국과 아시아 지역으로 퍼져 나가 전 세계에 붐을 일으켰습니다. 싸구려로 보이지 않고 세련된 옷을 저렴하게 살 수 있게 되었으니 소비자들이 열광하는 건 당연합니다. 하지만 2010년대에 들어 패스트 패션의 성장세는 주춤하게 되었죠. 2012년 『나는 왜 패스트 패션에 열광했는가』(세종서적, 2013)를 출간한 엘리자베스 L. 클라인을 비롯하여 패스트 패션의 문제점을 알리는 사람과 단체의 노력으로 패스트 패션에 숨겨진 어두운 진실이 드러났거든요.

지속 가능한 패션, 지속 불가능한 환경

패스트 패션의 첫 번째 문제는 심각한 환경오염을 일으킨다는 점입니다. 패스트 패션의 유행으로 지난 20년 동안 옷의 생산량은 4배로 늘었습니다. 당연히 버려지는 옷의 양도 엄청나게 늘었지요. 미국 환경보호국에 따르면 2017년 한 해 동안 미국인 한 명이 버리는 옷의 무게는 평균 37kg이었습니다. 유행이 재빠르게 변하다 보니 팔리지 않고 그대로 버려지는 옷도 많아졌습니다. 오스트레일리아 순환섬유협회(Australasian Circular Textile Association)에 따르면 생산된 옷의 30%가량이 한 번도 입지 않은 채 버려진다고 합니다. 그뿐만 아니라 생산 단가를 낮추려고 주로 아크릴이나 폴리에스테르 같은 합성섬유로 옷을 만드는 것도 환경에는 치명적입니다. 합성섬유는 분해되면서 유독 물질, 이산화탄소, 미세 플라스틱을 배출하여 지구의 땅과 물을 오염시킵니다. 옷감을 염색하는 데 사용하는 화학 염료도 환경을 오염시키고요. 소비자가 지불하는 옷값은 저렴하지만 환경에 미치는 악영향을 고려하면 패스트 패션은 결코 저렴한 옷이 아닌 셈이죠.

2013년 일어난 라나 플라자 붕괴 사고로 천 명 이상의 의류 노동자가 사망했다.

두 번째 문제는 패스트 패션의 생산 과정에서 노동 착취가 이루어진다는 점입니다. 2013년 방글라데시 수도 다카에서 라나 플라자 건물이 붕괴되는 사고가 일어났습니다. 무허가로 증축된 이 건물에는 유명 패스트 패션 기업의 생산 공장들이 자리 잡고 있었습니다. 공장 주인들은 납품 기한을 지키기 위해 건물이 무너질 징후가 있는 데도 계속 일을 시켰다고 합니다. 1134명이 숨지는 비극적인 사고를 통해 세계 사람들은 패스트 패션의 생산 환경이 얼마나 열악한지 알게 되었어요. 한 달도 안 되어 바뀌는 유행에 맞추어 재빨리 옷을 생산하려면 노동자들은 초과근무를 해야만 합니다. 그런데 노동 시간이 늘어도 노동자의 소득은 별로 늘지 않고 오히려 건

강만 나빠지는 결과가 나타났죠. 노동자에게 돌아가는 임금이 옷값의 2% 정도에 불과할 정도로 적기 때문입니다.

여러분이 좋아하는 패스트 패션이 심각한 환경오염을 일으키고 노동자들의 눈물로 만들어진 것이라니 정말 우울하지요? 이런 문제가 알려지자 패스트 패션을 버리고 슬로 패션(Slow Fashion)을 입자는 움직임이 일어났습니다. 슬로 패션은 유행을 쫓지 않고 오랜 기간 입을 수 있는 옷을 말합니다. 유기농 및 재활용 소재 같은 친환경 소재를 사용하고 천연 염색을 하는 등 환경과 인체에 미치는 악영향을 최소화하여 생산합니다. 거래는 노동자들에게 제대로 된 임금을 지불할 수 있는 수준의 가격으로 이루어지고요.

환경을 위해 의류 소비 행태를 바꾸자는 운동은 점점 활발해지고 있습니다. 이런 운동을 벌이는 단체 중 하나인 '서스테인 유어 스타일(Sustain Your Style)'의 플랫폼을 잠깐 살펴볼까요?

2017년 이 단체를 설립한 마틸드 샤르파일은 라나 플라자 건물 붕괴가 있고 나서 패스트 패션 기업과 관련한 일을 맡게 되었습니다. 그런데 패스트 패션이 환경오염에 끼치는 악영향을 알고 나서 오히려 이를 반대하는 운동에 앞장서게 되었어요. 패스트 패션의 문제점과 '지속 가능한 패션(Sustainable Fashion)'을 알리는 글이 눈에 띕니다. 지속 가능한 패션은 슬로 패션과 같은 의미라고 보면 됩니다.

패션에 '지속 가능한'이란 형용사를 붙이는 건 어색하다고요? 그

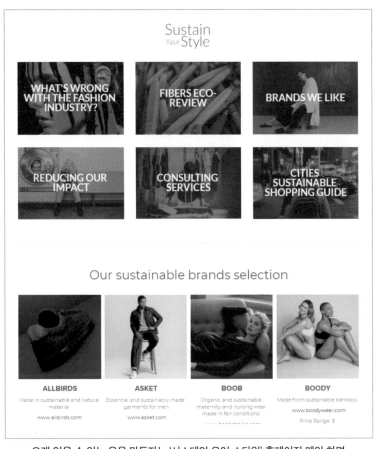

오래 입을 수 있는 옷을 만들자는 '서스테인 유어 스타일' 홈페이지 메인 화면.

의미를 알면 아주 어울린다고 느낄 겁니다. 조금만 주의를 기울이면 이 말은 패션뿐만 아니라 발전, 기술, 소비, 환경, 관광 등 다양한 명사를 꾸며 주는 말로 사용된다는 걸 알 수 있어요. 아마 앞으로 더 자주 접하게 될 겁니다.

지구를 살리려면 소비를 줄여야

"소비를 줄여라(Buy Less)!"

'서스테인 유어 스타일'이 지구를 지키기 위해 권하는 가장 필요한 행동입니다. 아무리 친환경적인 옷이라고 하더라도 이를 만들고 운반하는 과정에서 조금이라도 환경에 나쁜 영향을 끼칠 수밖에 없거든요.

끊임없는 소비와 생산이 기후와 환경 문제를 일으킬 거라는 염려는 이미 1960년대부터 제기되었습니다. 이탈리아 사무기기 제조판매기업 올리베티(Olivetti) 부사장이었던 아우렐리오 페체이 박사는 1965년 한 국제회의에서 급속한 공업화로 인한 환경오염이 인류를 위기에 빠뜨릴 수 있다고 연설했습니다. 이후 페체이 박사와 뜻을 같이하는 교육자, 경제학자, 경영자, 과학자 등 30여 명은 인구의 증가와 성장 위주의 경제 활동이 지구의 미래에 미칠 영향을 연구할 목적으로 1968년 '로마클럽'을 만들었습니다.

1972년 로마클럽의 요청으로 연구를 맡았던 네 명의 젊은 학자들은 「성장의 한계(The Limits to Growth)」라는 보고서를 발표했습니다. 이들이 내린 결론은 경제 활동과 인구의 성장이 같은 속도로 지속되면 100년 이내에 지구상의 성장은 한계점에 이르지만, 성장 속도를 줄이면 지속 가능한 성장이 가능하여 지구의 파국은 피할 수 있다는 거였습니다. 그러므로 하루라도 빨리 지나친 성장을 멈추는 정책을 실시하여 세계를 균형 상태에 이르도록 만들어야 한다고 주장했습니다. 지구의 미래와 기술의 기여도를 지나치게 비관적으로 본다는 비난도 있었지만, 이 보고서는 환경문제를 세계적인 관심사로 떠오르게 만드는 계기가 되었습니다.

이후 약 900일에 걸친 조사를 바탕으로 1987년 유엔(UN)의 세계환경개발위원회(WCED)는 「우리의 공동 미래(Our Common Future)」라는 보고서를 발표했습니다. 핵심 내용은 개발에 앞서 환경 친화성을 먼저 평가하고 이를 정책에 반영함으로써 '지속 가능한 발전(Sustainable Development)'을 이루자는 것이었어요. 그리고 지속 가능한 발전의 의미는 현재 세대의 개발 욕구를 충족시키면서도 미래 세대의 개발 능력을 저해하지 않는 환경친화적인 개발이라고 했습니다. 하지만 WCED는 환경 파괴에 영향을 끼치는 산업을 규명하거나 정부가 주도하는 경제 정책에서 지켜야 할 원칙 등을 제시할 만큼 적극적인 역할은 하지 못했습니다.

로마클럽이 보고서를 발표한 때로부터 벌써 반세기가 지났습니다. 과연 지금은 지나친 성장을 멈추는 정책이 실시되고 지속 가능한 발전의 길로 나아가고 걸까요? 유감스럽게도 지속 가능한 발전이 관심사가 된 후에도 모든 나라는 성장 위주의 경제 정책을 버리지 않았고 '지구 용량 초과의 날(Earth Overshoot Day)'은 점점 앞당

겨졌습니다. 지구 용량 초과의 날은 1년 단위로 지구인들이 사용한 자원의 양이 지구가 만들어 내는 자원의 양을 넘어서는 날입니다. 1년 치 자원을 이미 써 버렸으니 이날 이후부터 미래 세대가 쓸 자원을 빼앗아 쓰는 게 되는 셈이지요.

1990년대 초반 지구 용량 초과의 날은 10월이었는데, 2000년대 초반에는 8월로 당겨졌습니다. 지구 기후변화, 오존층 파괴, 멸종 생물 발생 등 지구 생태계에 나타난 위험 신호는 해가 갈수록 심각해졌고, 끊임없는 생산과 소비에 대한 우려가 커지며 지구 살리기를 더 이상 미룰 수 없다고 보는 사람이 늘어났습니다. 그래서 의류

〈지구 용량 초과의 날(1970~2020)〉

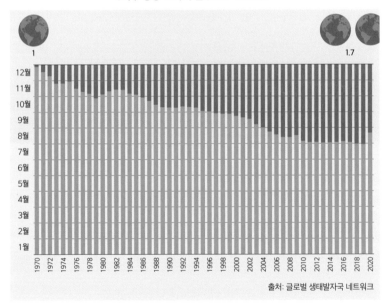

출처: 글로벌 생태발자국 네트워크

소비에도 변화가 일어나 패스트 패션 대신 지속 가능한 패션에 대한 관심이 커졌습니다. 지속 가능한 패션의 옷을 입고 명품 가방 대신 에코백을 드는 사람들이 더 멋있다는 평가를 듣고, 버려지는 재료에 독특한 디자인을 입혀 만들어진 업사이클링 패션 소품에 대한 관심도 생겨났지요. 여러분도 에코백을 좋아하나요? 그렇다면 그린슈머가 되어 볼까요? 그린슈머(Green Sumer)는 자연을 상징하는 '그린(green)'과 소비자를 뜻하는 '컨슈머(consumer)'가 합쳐서 만들어진 말입니다. '녹색소비자'로도 불리는데 환경문제에 대한 관심이 크고 생활 속에서 환경보호를 실천하는 사람들을 일컫습니다. 이들이 소비문화를 바꾸자고 하는 건 비단 의류산업에만 국한되는 게 아닙니다. 기후와 환경 문제가 심각해지자 식료품, 가구, 가전제품, 자동차 등 모든 소비재 산업에서 자원 절약과 재활용, 친환경 제품 사용 등 지속 가능한 소비를 실천하고 있습니다.

소유의 시대는 저물고

지구 환경을 위해 소비를 줄이고 그린슈머가 되고 싶기도 한데, 사고 싶은 게 많아서 소비의 유혹에서 벗어나기 힘들다고요? 아직도 사서 내 것이 되어야지 무언가를 사용할 수 있다고 생각하나 봅니다. 하지만 사지 않아도 빌려서 사용할 수 있는 새로운 소비 방식이 등장했습니다.

미국의 미래학자이며 사회사상가인 제러미 리프킨은 『소유의 종말』(민음사, 2001)에서 자기가 가진 것을 통해서 내가 누구인지 나타내고자 했던 소유의 시대는 저물어 가고, 접속(access)의 시대가 오고 있다고 했습니다. 접속이란 무엇인가를 사용하기 위해 접근하는 것을 말합니다. 리프킨은 접속의 시대가 오면 기업은 공급자, 개인은 수요자가 되어 재화와 서비스를 사고파는(또는 거래하는) 경제 활동은 줄어들고, 공급자가 상품을 빌려주며 사용료를 받거나 돈을 내면 단기간 사용할 수 있는 권리를 주는 거래가 늘어날 거라고 했어요.

소유 욕구가 줄어들 거라는 예측은 바로 현실로 나타나 2000년대 후반부터 공유경제(Sharing Economy)라는 새로운 소비 방식이 빠르게 자리 잡았습니다. 공유경제는 재화와 생산 설비, 서비스 등을 소유하지 않고 필요한 만큼 빌려 쓰는 모든 소비 활동을 말합니다.

기존의 상업경제에서 기업은 재화와 서비스를 생산하여 공급하는 공급자이고 개인은 이를 소비하는 수요자였습니다. 그런데 공유경제에서는 개인이 공급자와 수요자가 되고 기업은 이들을 연결하는 중개자 역할을 합니다. 공유경제를 열었던 '에어비앤비(airbnb)'의 이야기를 들어 보면 무슨 뜻인지 쉽게 이해할 수 있을 것입니다.

브라이언 체스키와 조 게비아는 월세 걱정을 하다가 문득 거실에 캠핑용 매트리스를 깔고 아침 식사를 제공하면, 돈을 내고 잠잘 사람이 있을지 모른다는 생각을 했습니다. 마침 샌프란시스코에서 열리는 국제디자인회의에 참석하려는 사람들이 숙소를 구하지 못해 아우성이라는 소식을 들었거든요. 이들은 이틀 만에 급히 웹사이트를 만들고 디자인 분야에서 일하는 지인들의 블로그를 통해 이를 알렸습니다. 덕분에 하루 80달러씩 내고 거실에서 묵을 세 명의 손님을 맞이할 수 있었습니다.

이런 경험을 통해 공간을 잠시 빌려주고 돈을 받는 공유숙박 서비스가 좋은 사업 아이템이 될 거라고 확신한 두 사람은 친구인 네이선 블러차직에게 기술 담당자로 함께 일하자고 제안했습니다. 이들은 2008년 2월 '공기 침대와 아침 식사(AirBed&Breakfast)'라는 기업을 창립하고, 집주인과 여행객을 연결할 플랫폼 개발에 들어갔습니다. 이로부터 6개월 후 플랫폼을 통해 실제 거래를 할 수 있게 되었죠. 에어비앤비의 집주인은 사용하지 않는 공간을 이용해서 돈을 벌 수 있고, 여행자는 가성비가 높고 개성 있는 숙소를 구할 수 있으니까 서로 윈윈(win-win)하게 된 것입니다. 에어비앤비는 연결의 대가로 집주인과 여행객으로부터 수수료를 받고요.

2009년 트래비스 캘러닉과 개릿 캠프가 창립한 공유경제의 간판 스타 '우버(Uber)'는 차량과 운전기사는 없지만 택시 서비스를 제공합니다. 여유 시간에 자기 차를 운전하며 돈을 벌려는 사람과 앱 하나로 차량과 운전자 검색부터 요금 결제까지 해결하려는 승객을 연결해 주었습니다. 처음에는 전화 대신 모바일 앱을 통한 콜택시 서비스를 제공했는데 이 서비스에 대한 택시 운전기사들의 항의가 거세지자 사업 모델을 승객과 운전기사를 앱으로 연결하는 차량공유 서비스로 변경했어요.

2010년대는 공유경제의 시대라는 말이 나올 정도로 공유경제에 대한 관심이 높아졌습니다. 환경을 위해 소비를 줄이려 했거나 경제 침체로 소득이 줄어 돈이 궁했던 사람들이 공유경제에 환호성을 보냈거든요. 여유 자원을 가진 사람과 이를 빌려서 사용하려는 사람의 거래를 쉽게 연결할 수 있게 만들어 준 정보기술(IT)도 공유경제의 성장에 큰 몫을 담당했습니다. 국제전기통신연합에 따르면 2008년 인터넷 사용자는 세계 인구 100명 중 23명이었는데, 선진국은 61명에 달했습니다. 사람과 사람, 사람과 사물, 사물과 사물 등 모든 것이 연결되는 초연결 사회가 된 것입니다. 게다가 2008년 7월에 앱 스토어가 실린 스마트폰이 등장하여 언제, 어디서나 연결이 가능한 세상을 만들었습니다. 세계은행에 따르면 2009년 세계 인구 5%에 불과했던 스마트폰 사용자는 2013년에 22%로 늘어났습니다. 웹이나 앱을 통해 공급자와 사용자의 연결이 손쉬운 환경으로 공유경제의 거래 비용이 거래로 얻어지는 효용보다 훨씬 낮아지게 되자 공유경제는 급속한 성장을 이룰 수 있었던 겁니다.

지금까지 의류를 중심으로 소비 형태를 알아봤는데 옷도 공유경제의 대상인지 궁금하다고요? 물론이지요. 안 입는 옷을 빌려줄 사람과 원하는 옷을 빌려 입을 사람을 연결해 주는 플랫폼이 있답니다. 미국에서는 중고 옷이나 패션 소품을 취급하는 렌트더런웨이(Rent the Runway), 포시마크(Poshmark), 스레드업(threadUP) 같은 플랫폼이 이미 자리 잡았고, 한국에서는 걸음마 단계이지만 언니의옷장, 클로젯셰어 등이 등장했습니다. '열린옷장'처럼 옷의 공유를 연결하며 경제적 가치와 더불어 사회적 가치도 만들어 내는 플랫폼도 있어요.

열린옷장은 2011년 3명의 직장인이 후배들의 면접용 복장 걱정을 덜어 주기 위해 벌인 커뮤니티 활동이 발전하여 세워진 비영리법인입니다. 자주 입을 일이 없거나 체형이 변하여 옷장 속에 잠들어 있는 정장을 기증받아 면접을 앞둔 사람들에게 빌려주는 서비스

〈기존 상업경제와 공유경제 특징 비교〉

구분	상업경제	공유경제
거래 형태	기업과 개인 사이의 거래 기업(공급자)-개인(수요자)	개인과 개인 사이의 거래 개인(공급자)-개인(수요자)
중개자	주로 공급자인 기업 대부분 공급자와 중개자가 같다.	공유경제 기업 공급자와 중개자가 다르다.
재화와 서비스 연결	직접, 전화, 웹 또는 앱	웹 또는 앱

를 제공합니다. 면접에 임하는 지원자들은 단정하고 차분한 느낌을 주려고 정장 차림에 구두를 신는데, 이를 모두 준비하려면 제법 많은 돈이 들거든요. 그런 부담을 덜어 주니 고맙기 그지없는 플랫폼이죠. 더 감동적인 점은 옷을 기증하며 옷에 담긴 추억과 경험이나 옷을 빌릴 사람을 응원하는 메시지도 함께 보내고, 빌린 옷을 입으며 느끼는 감사와 자신의 꿈과 희망 같은 이야기를 남기는 사람들도 있다는 것입니다. 이처럼 공유경제는 자원 사용의 효율성을 높여 주는 경제적 가치뿐만 아니라 참여자 모두를 행복하게 만드는 사회적 가치도 만들어 내기도 하죠.

옷뿐만 아니라 공유 대상은 점점 확대되어 이제 구두, 장난감, 공구, 책, 자전거, 킥보드 등은 물론 3D프린터와 같은 첨단기기도 빌려서 사용할 수 있습니다. 사무실, 주차장, 주방, 미용실 등 다양한 용도의 공간도 원하는 기간 동안만 빌려서 사용할 수 있고요. 장보기, 집 안 청소, 음식 배달, 세차, 강아지 산책 등과 같은 서비스를 연결해 주는 공유경제 플랫폼도 있습니다.

'빌려서 사용하기'는 진화 중

2020년 코로나19 팬데믹으로 이동이 제한되고 물건을 함께 사용하는 일을 꺼리게 되자 공유경제의 성장세는 꺾이게 되었습니다. 그렇다고 소유 욕구가 되살아난 것은 아니고, 비대면 소비가 가능한 '구독경제(Subscription Economy)'가 늘어나는 효과를 가져왔습니다. 제러미 리프킨은 기술 발전이 빨라지며 성능이나 디자인 등이 월등한 새 상품이 빠른 속도로 개발되면 소유 욕구는 줄어들 수밖에 없을 거라고 말했습니다. 무언가를 사자마자 더 좋고 더 저렴한 상품이 나와서 속상했던 경험이 잦아지면 소유에 흥미를 잃게 된다는 설명입니다. 매달 일정 금액을 지불하고 정기적으로 상품과 서비스를 이용하는 구독경제도 공유경제와 마찬가지로 소유가 아니라 사용에 초점을 맞춘 소비 형태입니다.

여러분도 넷플릭스(Netflix)를 이용하고 있나요? 오늘은 몇 시간 접속했나요? 넷플릭스가 바로 지금 말하려는 구독경제의 '끝판왕'입니다. 구독경제를 자리 잡게 만든 넷플릭스는 1997년에 창립했습니다. 비디오와 DVD를 우편이나 택배로 배달하는 서비스를 하다가 2007년부터 인터넷을 통해서 영화와 TV 프로그램 같은 영상 콘텐츠를 제공하는 스트리밍 서비스를 하게 되었습니다. 처음부터 인터넷으로 영화를 보여 주는 사업을 하려고 인터넷(Net)과 영화(flicks)를 합쳐서 기업의 이름을 지었다고 합니다.

예전에도 신문이나 잡지, 우유처럼 매일 소비하면서 가치가 크지 않은 상품에 대한 구독이 이루어지기는 했습니다. 구독경제는 예전에 이루어졌던 구독처럼 공급자와 소비자 사이의 거래가 주기적으로 이루어집니다. 하지만 거래된 재화의 소유권이 넘어가지는 않아요. 일정 기간 재화와 서비스를 사용할 수 있는 권리가 주기적으로 거래되는 개념입니다. 구독경제가 처음 등장했을 때는 영화와 음악, 소프트웨어 게임 등의 구독이 이루어졌지만 지금은 옷, 액세서리, 유아용품은 물론이고 가전제품, 가구와 자동차까지 구독이 가능해졌습니다. 공유경제에 구독경제를 도입하여 서비스를 제공하는 기업도 있습니다. 앞서 공유경제에서도 소개한 렌트더런웨이는 매달 69달러 이상의 구독료를 내면 옷과 패션 소품을 계약에 따라 사용할 수 있는 멤버십 상품을 내놓으며 패션계의 넷플릭스라고 불리기도 합니다. 외국에서는 비행기와 열차도 구독경제의 대상이라고 하니 머지않아 세상의 모든 상품과 서비스를 구독할 수 있는 세상이 올지도 모릅니다.

공유경제와 구독경제는 상품을 소유가 아니라 사용의 대상으로 본다는 점은 같습니다. 하지만 공유경제에서 기업은 거래를 연결하는 중개자 역할을 하는 반면, 구독경제에서는 가구나 가전제품, 자동차 등을 생산하는 기업이 공급자인 경우도 많습니다. 자동차를 예로 들어 보면 메르세데스-벤츠, 포르쉐, 볼보, 포드 등 유명 자동차 기업들이 미국과 유럽에서 구독서비스를 시행하고 있습니다. 한국에서도 현대자동차와 기아자동차가 구독서비스를 내놓았습니다.

기업의 입장에서 보면 빌려주는 것보다 아예 팔아 버리는 것이 더 유리할 텐데, 왜 구독경제의 공급자가 되려는 걸까요? 이미 소유에 흥미를 잃은 사람들을 소유하라고 설득하는 것보다는 소비 형태의 변화에 맞추어 경영 전략을 바꾸는 게 장기적으로 유리하다고 보기 때문입니다. 사람들이 저렴한 가격으로 접근할 수 있는 구독 서비스를 통해 제품이나 서비스를 사용하고 만족함을 느끼면 지속적인 고객이 될 수 있으니까 말입니다. 이처럼 빌려서 사용하는 소비 형태가 계속 진화 중이라 소유하는 소비로 되돌아가기는 어려울 것 같습니다.

버리지 말고 나누거나 팔아 보자

공유경제가 인기를 끌게 되자 다른 산업 분야에서도 '우버화'가 일어났습니다. 우버화는 우버 플랫폼에서 차량과 승객이 바로 거래하는 것처럼 플랫폼을 통해 공급자와 수요자가 재화나 서비스를 거래하는 걸 말합니다. 우버화로 온라인 플랫폼을 통한 거래가 많아지면서 경제 활동 방식에는 여러 변화가 일어났어요. 그중 하나로 협력적 소비 활동을 들 수 있습니다. 협력적 소비는 공유경제보다 폭

넓은 개념으로 내가 사용하지 않는 것을 남에게 거저 주거나 빌려주고, 내가 필요한 것을 받거나 빌려서 사용하는 소비 형태, 즉 서로 믿고 나누는 모든 소비 활동을 말합니다.

협력적 소비의 대표적인 전도사는 영국 옥스퍼드대학교 경영대학원 초빙교수 레이철 보츠먼입니다. 보츠먼은 예전부터 이루어졌던 물물교환, 상거래, 맞바꾸기, 함께 사용하기 등의 거래가 역동적이고 매력적으로 진화하면서 '내 것이 네 것(What's mine is yours)'인 경제가 만들어지는 중이라고 설명했습니다. 소유를 통해 자기를 과시하려는 사람이 많아지면서 '나의 문화'가 생겼는데, 차츰 사회는 조부모 시대를 지배했던 '우리의 문화'로 옮겨 가면서 나눔과 협력의 경제 활동인 협력적 소비가 늘어날 거라고 예측했습니다.

보츠먼은 앞으로의 소비 환경은 다음과 같이 변화할 거라고 내다보았습니다.

첫째, 제품 수명을 늘리고 쓰레기를 줄여주는 5R, 즉 줄이고(Reduce) 다시 사용하고(Reuse) 재활용하고(Recycle) 고치고(Repair) 재분배하는(Redistribute) 활동이 늘어납니다.

둘째, 공간과 기술, 시간 등 모든 자원의 공유가 활발해지면서 협력적 생활 방식이 자리 잡습니다.

셋째, 제품-서비스 통합 시스템에 변화가 생겨 상품 자체가 아니라 상품의 효용에 대해 돈을 지불하는 소비가 일어납니다.

협력적 소비는 나누면 커지는 마술과 같습니다. 어느 집이나 사용하지 않지만 버리지 못하는 물건들이 있는데 이런 물건들이 새 주인을 찾아 다시 사용되면 새로운 가치가 생겨나니 말입니다. 사용하지 않는 물건을 버리지 않고 팔거나 나누어 주면 쓰레기가 줄어 환경문제 해결에 도움이 될 수 있습니다. 쓰레기 처리 비용도 절약할 수 있고요.

미국의 픽스잇클리닉(Fix-It Clinics)은 주민이 함께 모여 기술자로부터 고장 난 가정용품 수리를 배우는 프로그램입니다. 이런 기술이나 재능을 나누는 공유경제 활동은 자원재활용 효과뿐만 아니라 이웃 사이의 정을 돈독하게 만들어 주어 공동체 문화가 살아나도록 해 줍니다. 이로 인해 협력적 소비가 더욱 늘어나는 선순환이 이루어질 것입니다.

소유가 아닌 접속으로의 변화가 일어났다고는 하지만 아직까지 사람들은 집을 소유하려는 욕구가 강합니다. 한곳에 머물러 살지 못하고 자주 이사를 다니다 보면 삶의 질이 떨어질 수밖에 없으니까요. 그런데 공간의 일부를 공유하는 공동체 주택이 늘어나면 집 짓는 비용을 낮출 수 있어서 집 장만에 들어가는 돈을 줄일 수 있지 않을까요? 공동체 주택은 가족만의 공간은 '따로', 공동 부엌이자 공동 거실인 커뮤니티실, 계단실, 옥상과 마당 같은 공간은 '함께' 사용하는 집을 말합니다. 최근 우리나라에서도 공동체 주택에 대한

픽스잇클리닉 프로그램에 참여하여 고장 난 물품을 수리하는 사람들.

시도가 곳곳에서 이어지고 있습니다.

　2020년 발생한 코로나19로 공유경제의 성장세가 멈추었다면 협력적 소비의 성장도 주춤할까요? 그렇지 않습니다. 어쩔 수 없는 집콕 생활로 경제 활동이 침체되자 소득이 줄어든 사람이 많아졌습니다. 그러자 협력적 소비의 한 형태인 중고 거래가 상당히 늘게 되었어요. 여러분처럼 어릴 때부터 인터넷을 사용해 모바일, 소셜네트워크서비스(SNS) 등 IT에 능숙한 MZ세대*가 중고 거래 시장을 키우는 데 큰 몫을 합니다. 남보다 더 많이 갖고 더 많이 쓰는 것에 가치를 두지 않고, 새 상품도 사는 순간부터 중고가 된다는 걸 알고 있는 이들은 새것이든 중고든 가리지 않고 취향에 맞는 상품을 사용하는 데 가치를 두는 경향이 있기 때문입니다.

'당근' 해 봤나요? 당근한다는 말이 무슨 뜻인지 금방 알아들었다면 필요 없는 물건을 버리지 않고 당근마켓을 통해 나누거나 파는 일이라는 것도 이미 알고 있을 것입니다. 2020년 전년 대비 이용자가 약 3배 정도 증가하여 중고 거래 1위 자리를 굳힌 '당근마켓'의 경우 12월 기준 월 이용자 수는 1230만 명이었습니다. 월 이용자가 1000만을 넘는 플랫폼은 네이버, 카카오, 쿠팡, 배달의민족 정도라니 놀라운 기록이죠. 닐슨코리안클릭에 따르면 2020년 6월 기준 국내 스마트폰 이용자 4명 중 1명 즉, 약 1000만 명이 스마트폰으로 중고 거래 서비스를 이용했고 한국 3대 중고 거래 앱인 당근마켓, 번개장터, 중고나라의 순 이용자는 1300만 명에 달한다고 합니다. 여러 번 받아쓰더라도 새것에 견줄 만한 가치가 있는 중고품을 일컫는 'N차 신상'이라는 말이 생겨난 걸 보면 협력적 소비가 얼마나 우리 생활 깊이 파고들었는지 느껴질 겁니다.

중고 거래를 하면 가성비가 뛰어난 물건을 살 수 있지만 사람을 직접 만나야 하거나 상품을 보지 않고 사는 게 싫다는 사람도 있습니다. 그런 이들을 겨냥하여 비대면이라도 상품을 보고 살 수 있는

＊ 1980년대 초~2000년대 초 출생한 밀레니얼 세대와 1995년 이후 출생한 Z세대를 합친 말입니다. 디지털 환경에 익숙하고, 최신 트렌드와 이색적이고 다양한 경험을 추구하는 특징이 있습니다.

중고 거래 시스템 '파라바라'가 선보인 것처럼 중고 거래 방식도 계속 진화 중입니다.

공유경제, 구독경제, 협력적 소비와 같은 소비 형태는 경제 성장을 둔화시킬 소지가 있는데 이런 유형의 소비가 늘어나는 게 염려된다고요? 경제 성장이 아니라 지속 가능한 발전과 삶의 질 향상을 추구하는 쪽으로 경제 패러다임을 바꾸면 전혀 염려할 일이 아닙니다.

경제 성장이 삶의 질을 보장할까?

2008년 9월 15일 미국 4위 투자은행이었던 리먼브라더스의 파산은 세계 금융 위기의 불씨가 되었습니다. 이후 세계 경제는 획기적인 회복의 실마리를 찾지 못했고, 유감스럽게도 저성장, 저금리, 저물가, 고실업, 정부 규제 강화 같은 현상이 장기적인 추세로 자리 잡았습니다. 그러자 탐욕스러운 신자유주의가 세계 금융 위기의 원인이었다는 비난이 일면서 끊임없이 생산과 소비를 늘리며 성장을 추구하는 자본주의 시스템에서 벗어나야 한다는 사람들이 등장합니다.

1970년대 세계 경제 불황을 극복하는 과정에서 힘을 얻었던 신자유주의 경제 사상은 30년이 넘는 세월 동안 경제 발전을 위한 유일한 정답으로 여겨졌습니다. 모두 자유경쟁시장이 왜곡되지 않는다면 시장은 효율적이고 합리적으로 움직여 경제의 균형이 유지될 거라고 믿었지요. 국가 경쟁력이 높은 선진국들은 수출을 늘리고 자기 나라의 경제 성장과 고용을 유지하기 위해 자유주의를 내세우며 시장 개방을 요구했습니다. 그 결과 시장 개방을 통해 자유로운 거래가 늘어나자 다양한 상품을 낮은 가격으로 살 수 있게 되어 전 세계 소비자의 효용은 높아졌습니다. 하지만 국가 간의 경제 양극화와 한 나라 안에서의 개인 간 빈부 격차는 더욱 심해졌습니다. 이런 부작용에도 불구하고 2008년 세계 금융 위기 이전까지 신자유주의의 기세는 꺾이지 않았어요. 그런데 세계 금융 위기로 인한 경제 침체가 길어지자 신자유주의가 떠받치던 성장 위주의 경제 패러다임을 바꾸어야 한다는 반론이 일게 된 것입니다.

프랑스 경제학자 토마 피케티 교수가 출간한 『21세기 자본』(글항아리, 2014)은 자본주의와 불평등에 관한 논쟁에 불을 붙였습니다. 그는 자본주의 경제 체제에서는 자본수익률(r)이 경제성장률(g)보다 커서 소득불평등은 점점 심해질 수밖에 없다고 설명했습니다. 그리고 최고 수준의 조세 부과를 통해 자본수익률과 경제성장률 사이의 격차를 줄여야 한다고 역설하며, 구체적 방안으로 최고 80%에 달하는 누진세와 글로벌 부유세 등을 제시했습니다. 글로벌 부유세는 세계 어느 나라에 재산이 있든지 각국이 동일한 세율로 세금을 매기고, 재산의 규모가 클수록 높은 세율을 적용하자는 제안입니다. 세계 모든 나라가 동조해야지만 실시할 수 있는 한계가 있어요. 실현 가능성이 없는 제안임에도 불구하고 세계적으로 '피케티 신드롬'이 일었던 것은 부의 불평등 해소를 원하는 사람이 많다는 증거일 것입니다. 경제 성장이나 효율성보다 불평등 해소가 중요하고 불평등을 심화시키는 성장은 원치 않는다는 생각이 드러난 것이지요.

청소년 가운데 부자가 되는 게 꿈이라는 친구들이 제법 있습니다. 혹시 여러분도 그런가요? 그런데 성장 중심의 경제 패러다임에 갇혀서 더 많은 소유를 위해 돈 버는 일에 매달리는 삶의 방식을 멈추자는 사람들도 늘고 있습니다. 새로운 사회구성원이 된 X세대(1965~1979년 출생)와 Y세대(1980~1995년 출생)는 돈을 버는 일보다 개인의 삶을 중시하는 경향을 지녔습니다. 영국의 경제사학자 로버트 스키델스키와 아들인 철학자 에드워드 스키델스키 부자가 출간한 『얼마나 있어야 충분한가』(부키, 2013)에서 개인적으로 더 많은 돈을 버는 것, 국가적으로 더 높은 경제 성장을 이루는 것이 목표가 되면 결코 좋은 삶을 살 수 없다고 강조합니다. 1974년 이후 영국의 국민총생산(GDP, Gross Domestic Product)은 2배 가까이 늘었지만 좋은 삶을 구성하는 기본재는 전혀 늘지 않았다는 사실을 증명하면서 말입니다. 이들이 꼽은 좋은 삶을 구성하는 7가지 기본재는 건강, 안전, 인간에 대한 존중, 개성, 자연과의 조화, 우정 그리고 여가입니다.

세계 금융 위기 이후 침체된 경제 환경 탓에 X세대는 부모 세대보다 소득 수준이 낮은 첫 세대가 되었습니다. 여러분이 사회에 진출할 때도 이런 현상이 일어날까 봐 걱정이 되나요? 성장이 최우선이라는 관점에서 보면 암울한 상황입니다. 하지만 경제 성장률이 마이너스라고 해도 일자리 나누기가 성공을 거두면 실업률은 낮아지고, 높은 성장이 지속되더라도 기계나 로봇을 이용한 생산이 늘어나 고용 없는 성장이 이루어지면 일자리는 오히려 줄어들게 됩니다. 게다가 경제 성장률을 구하는 데 사용하는 경제 지표인 국내총생산에는 명백한 한계가 있습니다. 돈을 들이지 않는 활동은 GDP에 포함되지 않고, 생활환경이 나빠져서 돈을 쓰게 되어도 GDP는 올라가기 때문입니다. 뿐만 아니라 자원 사용의 효율성을 높여 주는 공유경제, 구독경제, 협력적 소비 같은 새로운 소비 형태가 활발해지면 생산이 줄어들어도 소비자의 효용은 오히려 높아지는데 GDP는 이런 현상을 반영할 수도 없습니다. 그러니까 성장이 둔화되고 소득이 줄어드는 걸 걱정하지 말고, 환경을 지키면서 삶의 질을 높일 수 있는 경제 활동 방식을 늘리는 데 힘써야 합니다.

지속 가능 발전 목표(SDGs, Sustainable Development Goals)라는 말을 들어 봤나요? 이는 UN이 2016년부터 2030년까지 국제사회가 함께 이루어야 할 공동 목표를 일컫는 말입니다. 17가지 큰 목표 중 하나가 '책임 있는 소비와 생산(Responsible consumption and production)'입니다. 이는 지속 가능한 소비와 생산 양식을 확립하여 적은 비용으로 더 큰 경제적 효용을 누리는 것, 즉 삶의 질을 높이면서도 자원 낭비나 오염을 줄이는 경제 활동을 추구하자는 겁니다.

앞의 그래프에서 볼 수 있듯이 2019년 7월 29일이었던 지구 용량 초과의 날은 2020년 8월 22일로 늦추어졌습니다. 세계적인 전염병 대유행이라는 불가항력적인 요인으로 예년과 다른 양상이 나타났지만 UN은 이런 결과가 지속 가능한 소비와 생산을 정착시키는 촉매제가 될 수 있을 거라고 기대했습니다. 과연 그럴까요?

다품종 소량생산 시대가 왔다

2020년 4월 영국의 경제전문 주간지 『이코노미스트(The Economist)』는 코로나19 팬데믹이 끝나더라도 경제는 이전의 90% 수준까지만 회복할 거라는 전망을 내놓았습니다. 이로 인해 '90% 경제'라는 말이 생겨났습니다. 집콕 생활로 자신만의 라이프스타일로 사는 데 익숙해지고 필수적인 제품만 사용하며 소비 규모를 줄인 사람들이 앞으로는 소비를 예전만큼 하지 않을 거라는 전망입니다.

코카콜라는 1931년부터 산타클로스에게 빨간색 옷을 입히고 광고를 찍었다.

성장 중심의 경제 패러다임으로 본다면 달갑지 않은 전망이지만 이런 변화로 지속 가능한 소비와 생산이 자리 잡게 된다면 긍정적이라고 할 수 있습니다.

흔히 제1차 세계대전 이후의 현대 사회를 대량생산·대량소비 시대라고 합니다. 대량생산·대량소비는 많은 사람에게 표준화된 상품을 가장 저렴한 가격에 공급하는 데 적합한 체제입니다. 이런 환경에서의 경제 활동은 기업이 개발한 재화나 서비스를 시장에 내놓으면 소비자는 그중에서 원하는 것을 선택하여 구매하는 방식으로 이루어졌습니다. 시장의 주도자인 기업의 경쟁력은 저렴하고 품질 좋은 상품을 생산하여 얼마나 판매량을 늘리느냐에 달려 있습니다. 1930년대 이전까지 산타클로스의 패션은 다양했습니다. 높고 뾰족한 모자를 쓰거나 초록색 코트를 입기도 했어요. 그런데 어쩌다가 지금처럼 변했는지 아시나요? 코카콜라 회사 때문입니다. 코카콜라는 여름에만 마시던 콜라를 겨울에도 마시게 하려고 1931년부터 콜라를 마시는 산타클로스 광고를 적극적으로 진행했습니다. 광고 속 산타클로스에 코카콜라의 상징인 빨간색 옷을 입히고 말입니다. 광고에 매혹당한 사람들은 겨울에도 콜라를 마시게 되었고, 이후 산타클로스 할아버지는 빨간색 옷만 입게 되었다고 합니다. 소비를 부추기는 기업의 전략이 얼마나 치밀한지 알겠지요?

20세기 말부터 세계화가 이루어져 세계가 하나의 시장이 되자 기업은 한 나라가 아니라 온 세계 소비자를 상대로 판매 경쟁을 벌이게 됩니다. 경쟁이 치열해질수록 생산과 소비가 늘어나는 속도는 더욱 빨라졌지요. 그런데 2010년대 들어 대량생산·대량소비 환경의 버팀목이었던 자유무역 중심의 세계 경제 질서가 흔들리게 됩니다. 2016년 영국은 브렉시트(Brexit)에 대한 국민투표로 EU 탈퇴를 결정했고, 2020년 EU를 떠났습니다. 그리고 미국 우선주의(America First)를 내세워 당선된 트럼프 대통령은 2018년 가장 큰 대미 무역

흑자를 기록하는 중국으로부터 수입하는 상품에 대한 관세를 올리겠다고 선언했습니다. 세계 최고의 경제 규모를 가진 미국이 국내 일자리를 늘리기 위한 명분으로 무역 장벽을 높인 것입니다. 이런 변화는 가난한 나라에서 저임금을 바탕으로 싸구려 재화를 대량생산하여 판매하는 경제 활동을 위축시킬 수 있습니다. 이런 변화가 대량생산·대량소비의 환경을 바꾸는 요인이 될지 아닐지는 더 두고 봐야 할 일입니다.

하지만 코로나19 팬데믹으로 집콕 생활을 하면서 바뀐 개인 소비 형태는 대량생산·대량소비의 환경을 바꾸는 요인이 될 거라는 전망이 이어집니다. 배타적 소유가 아닌 협력적 공유를 추구하는 경제 활동이 늘어나며 저렴한 가격보다는 취향과 가치에 맞고, 다양한 경험을 누릴 수 있는 상품을 찾는 소비가 활발해졌으니까요. 이로 인해 공급자 중심이었던 시장은 소비자 중심으로 변하기 시작하고 있습니다. 온라인 플랫폼을 통해서 소비자가 원하는 걸 재빠르게 파악하고 수요자의 다양한 취향에 맞춘 재화와 서비스를 생산하는 기업이 생겨나고 있는 것이 그 반증입니다. 소유에서 접속으로 소비 형태가 옮겨 가면서 다품종 소량생산 시대가 열리게 된 것입니다. 여러분도 외식 좋아하나요? 외식 문화를 살펴보더라도 소비자들이 표준화된 맛과 품질의 음식을 선호했을 때는 프랜차이즈 음식점을 찾았는데, 이제 독특한 분위기와 맛을 가진 음식을 제공하는 작은 음식점으로 발길을 옮기고 있습니다.

생산 환경도 다품종 소량생산 시대에 유리한 방향으로 바뀌고 있습니다. 공유경제와 구독경제로 생산수단도 접속하여 사용할 수 있는 환경이 만들어지며 적은 자본으로도 생산 활동에 뛰어드는 일이 가능해졌거든요. 공유사무실, 공유주방, 공유미용실 같은 공간이나 클라우드 컴퓨팅을 통해 네트워크, 스토리지, 운영체제와 소프트웨어 등 IT 자원도 필요한 만큼 접속하여 사용할 수 있습니다. 앞으로 거대 자본이나 고도의 기술이 요구되는 분야가 아닌 의류나 식료품 등 소비재 산업 시장의 공급자 수는 계속 늘어날 것으로 보입니다. 이렇게 공급자의 수가 늘어나면 시장에는 더욱 다양한 상품들이 등장하게 되고 다품종 소량생산의 시대는 우리 곁으로 성큼 다가올지도 모릅니다.

다품종 소량생산 시대가 되면 재화나 서비스의 가격은 대량생산·대량소비 시대보다 올라갈 수밖에 없습니다. 그럼 당장 필요하지 않은 상품을 싸다고 우선 사고 보는 충동적인 과소비는 줄어들 수 있지요. 대신 자신의 취향에 맞는 상품을 주의 깊게 고르는 소비는 늘어날 테고요. 시간과 정성을 들여 고른 상품은 오래 사용할 테니 제품의 사용 기한은 길어질 겁니다. 이렇게 되면 대량생산·대량소비 시대는 저물어 가고, 해마다 지구 용량 초과의 날은 조금씩 늦춰질 수 있지 않을까요?

그동안 무심코 했던 소비가 결코 '무심코'가 아니라는 사실이 느껴지나요? 여름에만 마셨던 콜라를 겨울에도 마시게 되고, 저렴하고 세련된 옷이라고 좋아하며 계절이 바뀔 때마다 패스트 패션을 사들이고…… 우리의 소비 행동 뒤에는 어떤 조종하는 힘이 있습니다. 그게 뭘까요? 그것은 대량생산을 하는 기업, 기업에서 이익을 얻는 사람들, 기업과 연결된 이해 관계자 등등 아주 많을 것입니다.

그런데 대량생산·대량소비의 경제 활동이 지구를 오염시키고 미래 세대가 쓸 자원을 빼앗아 유지되는 거라면 우리는 어떤 소비자가 되어야 할까요? 사기 전에 꼭 필요한지, 빌려서 사용할 수 있는지, 버리기 전에 이를 사용할 사람이 있는지 등 '생각하는 소비'를 해야 되지 않을까요?

코로나19가 우리에게 전하는 말

"질병은 인류의 역사와 함께했습니다. 산업의 발달로 각종 오염 물질이 환경을 뒤덮고 인구 과밀화로 주거 환경이 열악하여 질병이 발생했다면, 이것은 개인의 책임일까요? 이와 같이 개인의 의지와 상관없이 질병이 발생할 수 있음을 인식한다면 공공의료가 왜 필요한지도 알게 될 것입니다."

예병일

연세대학교 의학과를 졸업하고 같은 대학원에서 박사학위를 받았다.
미국 텍사스대학교 사우스웨스턴 메디컬센터에서 전기생리학적 연구
방법을, 영국 옥스퍼드대학교에서 의학사를 공부했다. 연세대학교 원
주의과대학에서 16년간 생화학 교수로 일한 뒤 2014년부터 의학교육
학 교수로 재직 중이다. 지은 책으로 『저도 의학은 어렵습니다만』 『내가
유전자를 고를 수 있다면』 『숨만 쉬어도 과학이네?』 『의학사 노트』 『세
상을 바꾼 전염병』 『의학, 인문으로 치유하다』 『내 몸 안의 과학』 『의사
를 꿈꾸는 어린이를 위한 놀라운 의학사』 등이 있고 다수가 우수과학도
서로 선정되었다.

새로운 전염병의 출현

2020년이 시작되자마자 세계 여러 나라는 서둘러 국경을 봉쇄했지만, 전염병은 그와 상관없이 국경을 마구 넘나들며 전 세계로 전파되었습니다. 병원체를 분석해 보니 이미 사람에게 전파되는 것으로 알려진 종류만 6가지가 되는 '코로나바이러스'의 새로운 종이었습니다. 이를 'COVID-19(coronavirus disease-19)'라고 이름 붙였고, 우리나라에서는 코로나19라고 부르게 되었습니다. 1월에 첫 환자가 발생한 우리나라에서는 2월에 대구에서 대량으로 환자가 발생하면서 상황이 급박해졌습니다. 남의 일이 아니라는 것을 확인하게 된 것이죠.

3월, 교육부가 개학을 2주 미루자고 할 때만 해도 역시 코로나바이러스가 원인이었던 2002년의 사스(SARS, 중증급성호흡기증후군)나 2015년의 메르스(MERS, 중동호흡기증후군)가 그랬던 것처럼 방역을 잘하면 오래 지나지 않아서 해결할 수 있을 것이라는 희망이 있었습니다. 그러나 다른 호흡기 감염질환이 흔히 그런 것처럼 날씨가 따뜻해지면 사라질 것이라는 기대는 따뜻한 나라에서도 환자 발생이 늘어나면서 의문시되었고, 불행하게도 그 의문이 맞아 들어가서 봄이 되고 여름이 찾아와도 코로나19는 점점 더 위력을 더해 갔습니다.

2009년에 전 세계를 강타한 신종플루(H1N1, A형 독감의 한 종류)는 다른 독감과 다르게 봄에 유행을 시작하여 여름을 거쳐 가을이 되어서야 진정되기 시작한 게 특징입니다. 바이러스가 비록 생물과 무생물의 중간이기는 하지만 생물체의 특징을 지닌 바이러스가 예상과 다른 양상을 보일 수도 있음을 보여 준 예라 할 수 있습니다.

신종플루는 91년 전 인류를 공포에 몰아넣은 스페인독감(H1N1, A형 독감)과 이름이 다르기는 하지만 모두 A형 독감 중 H1N1형으로 같은 종류입니다. 세계보건기구(WHO)의 새로운 전염병 명명법을 따르다 보니 다른 이름이 붙은 것입니다. 세계보건기구는 90여 년 만에 새로 찾아온 전염병에 대해 신경을 곤두세우고 대응책 마련에 나섰으며, 결과적으로 수많은 사람이 감염되기는 했지만 과거와 다르게 큰 문제 없이 고난의 시기를 벗어날 수 있었습니다.

신종플루가 예상보다 피해가 적었던 것은 이미 90여 년 전에 경험을 했으므로 많은 사람이 H1N1 A형 독감 바이러스에 면역력을 획득한 상태였고, 세계보건기구가 빠르게 정보를 제공하면서 많은 사람이 개인 방역에 힘쓴 이유도 있지만 결정적으로는 타미플루(오셀타미비르)라는 약이 개발되었기 때문입니다. 타미플루를 치료약으로 사용하기 시작하고 얼마 지나지 않아 내성을 가진 바이러스가 발견된 직후 리렌자(자나미비르)가 신종플루에 효과가 있다는 사실도 알려졌습니다. 이로써 신종플루에 감염되더라도 공포에 떨지 않게 되었습니다.

코로나19가 맹위를 떨치기 시작하던 2020년 봄만 해도 신종플루처럼 치료제가 곧 개발될 것이고, 예방 백신도 조만간 보급될 것이라는 희망이 있었습니다. 그러나 여름이 되어도 코로나19는 계속해서 환자를 양산했고, 가을이 되자 재유행을 하듯 전 세계에서 많은 환자가 발생했습니다. 앞으로 코로나19는 영원히 사라지지 않고, 감기나 독감처럼 지구에서 인류와 함께 생존할 것이라고 예견하는 학자도 다수입니다. 언제 사라질지 모르는 코로나19로 인해 세계 경제가 어려워지면서 중소 규모의 개인 사업을 하는 이들은 큰 어려움을 겪고, 전과 다른 일상의 통제로 피로감과 우울증을 호소하는 이가 늘어났습니다. 치료제와 백신 개발 과정에서 밝혀졌듯이 코로나19의 강력한 전파력과 생존력 탓에 조기 해결이 어려울 수 있다는 소식은 우리를 우울하게 합니다.

방역의 역설, 코로나는 예상보다 오래간다

코로나19가 감기나 독감처럼 우리와 함께하는 전염병이 될 것이라는 주장이 고개를 들 무렵 마이크로소프트의 창업자 빌 게이츠는 "코로나19 백신은 2021년 여름에 전 세계에 공급될 것이며, 2022년에야 종식될 것이다"라는 주장을 했습니다. 빌 게이츠가 전염병 전문가는 아니지만 자수성가하여 세계 최고의 부자가 된, 영향력이 아주 큰 인물이기에 그의 주장은 세계적으로 큰 반향을 불러 일으켰습니다. 지난 수개월간 일상이 사라진 시간을 보내느라 얼마나 많은 것을 희생했는데 아직도 한참을 기다려야 한다니, 한숨이 나오지 않을 수 없습니다.

빌 게이츠가 이야기한 2년이라는 시간은 역사를 돌이켜 볼 때 예측이 가능한 기간입니다. 역사적으로 인류를 공포에 몰아넣은 14세기 유럽의 페스트나 1918년 스페인독감 등은 전체 감염자 중 약 3분의 1가량의 목숨을 앗아갔습니다. 이처럼 사람이 면역력을 획득할 기회를 가지지 못한 새로운 전염병이 나타난다 하더라도 2년

세계는 지금 코로나19의 확산을 막기 위해 방역에 힘쓰고 있다.

정도 지나면 치명적인 전염병이 쇠퇴하는 양상을 보여 왔기 때문입니다.

그러나 코로나19를 일으키는 코로나바이러스는 적어도 5~6년간 지속될 것이라는 주장이 있습니다. 그 근거는 무엇일까요? 만일 전염성 병원체(예를 들면 코로나19)가 숙주(예를 들면 인간)에 치명적이라면, 숙주가 생명을 잃는 경우가 많아집니다. 그러면 병원체는 다른 숙주를 찾아서 전파될 수 있는 기회를 잃게 됩니다. 이런 상황은 숙주와 병원체 모두에게 좋지 않은 결과가 됩니다. 따라서 병원체는 치명성을 낮추는 방향으로 진화하면서 사람과 같은 숙주 내에서 공존하는 방법을 찾는 것이 자연의 섭리입니다. 인류가 자연적으로 새로운 병원체에 대한 면역을 가지는 시간을 단축하려면 전염병이 마구 전파되어야 한다는 의미입니다. 그런데 지금은 전 세계가 힘을 모아 전염병의 전파를 막고 있으니, 보통 2년이면 큰 피해를 남기고 사라지는 전염병의 순리와 다르게 5~6년은 지나야 자연적으로 면역이 생길 것이라는 주장의 근거로 볼 수 있습니다. 물론 인류가 면역을 가지기까지 시간이 걸리더라도 그사이에 백신이나 특효를 지닌 약이 개발되면 전염병의 빠른 종식도 가능해집니다.

의학 발전과 코로나19의 진화

코로나바이러스가 처음 발견된 1930년대의 의학 수준은 전염병의 원인이 되는 세균의 존재를 알고 있었고, 세균이 포함되지 않은 용액 속에 세균보다 작은, 독성 물질도 전염병을 일으킬 수 있음을 알고 있는 정도였습니다. 이 시기에 현미경 제작기술이 발전하면서 추정으로만 알고 있던 독성 물질의 관찰이 가능해졌고, 이것이 독성(화학)물질이 아니라 아주 작은 새로운 종류의 병원체인 바이러스임을 알게 되었죠. 현미경으로 겨우 바이러스의 존재 여부를 관찰할 수 있게 되었지만, 아직 바이러스의 종류를 구별할 수 있는 수준에 이르지는 못했어요.

그 후로 현미경도 점점 발전하고, 바이러스 배양법이 개발되면서 바이러스 연구에 가속도가 붙어서 바이러스학이 점점 발전하기 시작했습니다. 이에 따라 코로나바이러스가 동물에게서 호흡기 증상을 일으킨다는 점이 알려지는 등 그에 대한 정보가 조금씩 알려지던 가운데 1960년대에 사람의 몸에서 처음으로 코로나바이러스가 발견되었습니다. '코로나바이러스-229E'라는 이름이 붙은 이 바이러스는 리노바이러스, 아데노바이러스에 이어 세 번째로 감기를 많이 일으키는 바이러스입니다. 현미경으로 관찰한 모양이 천문학에서 일컫는 '코로나'와 닮았다고 해서 이름이 붙었습니다. 코로나는 개기일식이 일어날 때 달에 가려진 태양이 표면에서 바깥쪽으로 빛을 내는 모양을 말합니다. 현미경 수준이 1930년대보다 훨씬 발전된 1960년대 말에 붙여졌습니다.

1980년대에 '코로나바이러스-OC43'이 발견되었지만 이 바이러스도 감기 증상 외에 다른 문제를 일으키지 않았습니다. 그러나 2002년 말, 사스를 일으키는 코로나바이러스가 세 번째로 발견되자 이야기가 달라졌습니다. 세계적으로 8000여 명의 환자가 발생하여 약 10%가 사망했지만 1년이 채 되지 않아서 거의 사라지다시피 하면서 현재는 큰 문제가 되지 않습니다. 중국 주변 국가에서 환자가 많이 발생했음에도 불구하고 중국 다음으로 환자가 많이 발생한 나라는 캐나다였으므로 초기에 항공 승객을 통해 사스가 전파된 것을 보면 초기 방역이 얼마나 중요한지를 보여 준 예라 할 수 있습니다. 인천공항에 입국자들의 체온을 알아보기 위한 열감지기가 등장한 것도 이때였습니다.

2004년에 네 번째로 나타난 코로나바이러스-NL63과 2015년에 다섯 번째로 나타난 코로나바이러스-HKU1은 229E와 OC43처럼 감기 정도의 증상만 일으키므로 보건 관계자들의 관심을 끌지 않았습니다. 그러나 같은 2015년에 사우디아라비아에서 여섯 번째로 코로나바이러스가 원인으로 발생한 메르스로 세계는 또 긴장 상태에 들어갈 수밖에 없었습니다. 이전의 다른 코로나바이러스와 달리 증상이 심하여 치사율이 높았기 때문이죠. 메르스는 현재까지 세계적으로 약 2500명의 환자가 발생하여 약 34%가 사망한 전염병입니다. 우리나라의 경우 초기 방역에 실패하여 종주국인 사우디아라비아 다음으로 많은 186명의 환자가 발생함으로써 방역 당국이 지탄을 많이 받았지만 그때의 경험을 헛되이 보내지 않고 방역 능력을 보강함으로써 코로나19 발생 후 그 효과를 보고 있다고 할 수 있습니다. 메르스 환자 발생은 많았지만 사망률은 세계의 평균보다 훨씬 낮은 약 20%를 기록하면서 우리나라의 높은 의료 수준을 보여 준 게 그나마 다행이라 할 수 있겠지요.

지금까지 사람에게 감염되는 여섯 가지 코로나바이러스가 발견되었지만 4가지는 감기 증상만 일으킬 뿐이었습니다. 사스와 메르스의 경우 제대로 치료하더라도 노약자는 목숨을 잃을 가능성이 있을 정도로 치명적이지만 다행히 현재는 거의 사라진 상태입니다. 그런데 일곱 번째 코로나바이러스에 의한 코로나19는 2020년 말 현재, 세계적으로 8300만 명이 넘는 환자가 발생하여 약 2.3%(우리나라는 약 1.6%)가 사망했습니다. 이 사망률은 사스와 메르스보다 훨씬 낮지만 일반적인 독감보다는 좀 더 높은 수준입니다.

2020년을 관통한 코로나19의 유행은 2021년에도 이어지고 있습니다. 사스와 메르스는 처음 나타난 후 1년이 지났을 때 거의 사라졌지만 현재의 추세로 볼 때 코로나19는 결코 사라지지 않고 독감 바이러스처럼 인류와 지구촌에서 함께 살아갈 '동반자'로 남을 것으로 예상됩니다. 이렇게 만족스럽지 않은 결과를 예견하는 것은 전파력이 워낙 강하기 때문입니다. 같은 코로나바이러스인데 코로나19가 더 전파가 잘되는 것은 이 바이러스가 폐에서 세포 안으로 들어가기 쉬운 성질이 있기 때문입니다.

바이러스는 그 자체로는 복제하지 못하므로 수가 늘어나지 못합니다. 자손을 남기지 못한다는 것은 생물체의 기본 조건을 갖추지 못했음을 의미합니다. 생물체의 가장 중요한 존재 가치는 후손을 남기는 것이죠. 그러기 위해서 바이러스는 숙주세포로 침투해 들어가야 합니다. 그래야 숙주세포의 복제 기전을 이용하여 새로운 개체를 만들어 낼 수 있기 때문입니다. 바이러스 종류에 따라 숙주세포로 사용할 수 있는 세포가 달라지며 코로나바이러스처럼 호흡기로 침투하는 바이러스의 대부분은 폐 세포를 숙주세포로 이용합니다. 따라서 폐에 바이러스가 침입하면 이를 방어하기 위해 인체는 염증 반응을 일으키며, 이것이 폐렴의 원인이 됩니다.

코로나19를 일으키는 바이러스가 왜 전파가 잘되는지를 알아내기 위해 학자들은 바이러스 발견 초기부터 노력해 왔습니다. 바이러스가 숨을 쉴 때 사람의 호흡기를 통해 몸 밖에서 몸 안으로 들어오는 것은 모든 호흡기 바이러스의 공통적인 현상입니다. 폐에 도달하는 것까지는 공통이지만 폐에서 세포 안으로 들어가서 폐 세포의 유전자 복제기전을 이용하여 새로운 바이러스를 합성하는 것은 각 바이러스의 능력에 따라 달라지는데, 코로나19를 일으키는 바이러스는 폐로 들어간 다음 폐 세포 표면에 달라붙는 능력이 탁월하다는 사실이 일찍부터 알려졌습니다. 바이러스가 폐에 머물다 숨을 내쉬거나 재채기를 할 때 몸 밖으로 내보내지면 전파력이 낮습니다. 그러나 코로나19를 일으키는 바이러스는 폐에 들어가기만 하면 폐 세포에 달라붙을 가능성이 높아서 몸 밖으로 빠져나올 확률이 낮고, 폐 세포 안으로 들어갈 가능성이 높은 것이 특징입니다. 그러면 폐 세포 내에서 마구 자라나 수가 늘어난 다음 폐 세포 밖으로 나오면 숨을 내쉴 때 공기 중으로 뿜어내는 바이러스 수가 많아져 전파력이 강하게 나타납니다.

2020년 2월에 대구 신천지교회를 통해 전파된 코로나바이러스와 4월 30일부터 5월 5일 사이에 이태원에서 전파된 코로나바이러스의 종류가 다르다는 내용이 알려졌습니다. 앞에서 이야기한 7가지 코로나바이러스는 코로나바이러스속(屬)에 속하는 바이러스 가운데 사람에게 증상을 일으키는 종(種)인데 코로나19를 일으키는 코로나바이러스는 세계보건기구에서 유전 정보에 따라 S, V, G 등 세 그룹으로 구분합니다. S그룹은 초기에 외국에서 입국한 교민에게서 많이 발생했고, V그룹은 대구 신천지교회 환자가 주로 해당하며, G그룹은 입국자와 이태원 클럽발 확진자에 많았습니다. 이와 같이 구분해 보면 우리나라에서 발생한 코로나19 환자는 그룹이 다른 코로나바이러스에 의한 것이며, 2020년까지 우리나라와 외국에서 나온 통계를 보면 G그룹에 의한 환자가 점점 많아지면서 사망률도 조금씩 떨어지는 추세에 있다는 걸 알 수 있습니다.

과거에 대유행을 하면서 인류를 위험에 빠뜨린 전염병들이 대체로 2년 이내에 자연적으로 해결되었음을 감안하면, 아직 빠른 판단이기는 하지만 코로나19를 일으킨 바이러스도 서서히 증상이 약해지면서 인류와 공존하는 방향으로 진화하는 것이 아닌가 싶습니다.

공공의료의 중요성

질병이 생기는 것은 개인의 책임일까요, 아니면 사회의 책임일까요?

과식을 자주 하고, 운동을 전혀 하지 않는 생활습관을 오랜 시간 유지하면 비만이나 고혈압, 고지혈증, 대사증후군, 당뇨병 등 생활습관병의 발생 가능성이 높아집니다. 이런 병은 일단 발병하면 치료하기 어려운 것이 문제입니다. 각자가 올바른 생활습관을 유지하면 예방 가능한 질병이지만, 뻔히 알고 있는 내용을 실천에 옮기는 것은 쉽지 않아서 병이 발생하지요. 이럴 때는 개인의 책임이라고 말할 수 있어요.

그러나 개인의 잘못이 아님에도 불구하고 병이 생기는 경우가 있는데 코로나19가 바로 그중 하나입니다. 코로나19는 숨을 쉴 때 바이러스가 코를 통해 호흡기계통으로 들어와서 폐 세포에 바이러스가 침입하여 생기는 병이므로 예방을 위해서는 바이러스가 코로 들어오지 못하도록 마스크를 쓰는 게 최상의 방법입니다. 그런데 식사할 때처럼 반드시 마스크를 벗어야 하는 경우가 있으니 하루 종일 마스크를 쓰고 있는 건 지극히 어려운 일이고, 잠시라도 마스크를 벗을 경우 코로 바이러스가 들어올 수 있으니 예방하는 게 쉬운 일은 아닙니다.

코로나19처럼 호흡기계통을 침범하는 전염병으로는 감기, 독감,

사스, 메르스 등이 있는데 일반적으로 전파가 잘되는 특징이 있습니다. 2020년 초부터 우리나라에서 코로나19가 유행하자 중앙방역대책본부에서는 의심되는 모든 이를 무료로 검사하고, 환자로 확진되면 무료로 치료해 주는 방법을 선택했어요. 다른 나라에서는 비싼 비용을 받고 검사와 치료를 하는데 우리나라에서는 무료로 검사와 치료를 해 주니, 이런 이유로 우리나라에 오는 외국인이 있다는 소문이 퍼질 정도입니다. 비싼 비용이 들어도 국민이 낸 세금이나 의료보험료를 전 국민을 위해 사용하는 정책을 선택한 데는 이유가 있습니다. 혹시라도 병이 있거나 의심되는 사람이 치료나 진단을 제대로 받지 못할 경우 자신이 환자인 줄 모르고 주변 사람들에게 질병을 옮김으로써 더 큰 사회적인 문제를 일으키는 것을 막기 위해서입니다.

이와 같은 예는 주변에서 얼마든지 찾을 수 있습니다. 질병은 인류 역사의 시작과 동시에 인류와 함께하기 시작했습니다. 원시시대에 여러 사람들이 함께 식량으로 사용하기 위해 짐승을 사냥하다가 한 명이 다치는 경우 그 사람의 잘못이라고 할 수 있을까요? 또 전쟁에 참여했다가 부상을 입는 경우 다친 사람의 전투 수행 능력이 부족해서 생긴 잘못이 전적으로 그 부상의 원인이라 할 수 있을까요? 산업혁명 이후에 공장에서 일하는 환경이 각종 오염 물질로 뒤덮여 있고, 인구의 도시 집중이 일어나면서 주거 환경이 열악하여 발생하는 질병이 개인의 잘못이라 할 수 있을까요?

이와 같이 개인의 잘못이 없거나 적은 경우에도 질병이 발생할 수 있음을 인식한다면, 공공의료가 중요하다는 사실을 깨달을 수 있습니다. 근대 이후 현대로 접어들면서 인간 사회를 지탱하는 제도로 자본주의가 선택받았지만 자본주의는 부익부 빈익빈을 포함한 큰 문제를 내포하고 있습니다. 초기에는 이를 몰랐지만 자본주의가 점점 발전하면서 이대로 가면 거대 자본을 가진 소수만 큰 이익을 얻을 수 있고, 대부분의 사람은 점점 더 소수에게 예속되는 문제가 발생할 수 있음을 알게 되었죠.

19세기 말에 이를 해결하기 위한 방안의 하나로 대두된 것이 공산주의입니다. 1917년에 러시아를 필두로 공산주의를 선택한 나라들이 나타나서 20세기에 공산주의를 시도해 보았지만 결과는 자본주의의 승리로 끝이 났습니다. 자본주의를 채택한 나라에서는 상대적으로 국민들이 윤택한 생활을 하고 만족도가 높았지만 공산주의를 선택한 나라는 20세기가 끝나기 전에 소련이 붕괴되어 15개 나라가 독립하고, 경제적 어려움에 처한 동독 사람들이 서독으로 밀려들면서 독일이 통일되는 등 대부분 역사 속으로 사라져 버립니다. 현재 지구상에 중국이나 베트남처럼 공산국가라고 이야기하는 나라가 있기는 하지만 이들도 이름만 그럴 뿐 자본주의의 특징을 점차 받아들이는 중입니다.

19세기 말에 공산주의가 등장할 때만 해도 모순투성이로 생각되던 자본주의가 20세기에도 굳건히 그 위치를 유지할 수 있었던 것은 자본주의가 국민에 대한 복지제도를 통해 자본주의의 모순을 일부나마 해결하려 했기 때문이죠. 복지제도는 사회 구성원 각각의 삶의 질을 향상시키는 것을 목적으로 하는 제도로 일반적으로 교육, 의료, 먹을 것 등 세 가지는 기본적으로 해결해 주어야 복지국가라 할 수 있습니다.

우리나라는 지난 60년간 세계적으로 유례가 없을 정도로 비약적인 경제 발전을 이루었습니다. 한국전쟁이 끝난 후 모든 것이 파괴된 상태에서 최빈국에 속하던 우리나라가 이제는 세계 10대 경제 대국을 넘볼 수 있는 상태가 되기까지 약 60년이 걸렸습니다. 그러다 보니 국가의 이미지를 생각해서라도 갖추고 베풀어야 할 게 많은데 복지국가라는 이야기를 듣는 것도 그 가운데 하나입니다.

우리나라에서는 질병으로 인해 경제적 손해를 서로 나누기 위해서 의료보험제도를 도입했고, 모든 국민이 강제로 가입하게 함으로써 보험료를 내는 것도 의료의 공공성을 보여 주는 한 예라고 할 수 있습니다. 어려울 때 그 어려움을 서로 나눌 수 있도록 평소에 보험료를 모아서 많은 이가 활용할 수 있도록 하는 것입니다.

그런 비용을 모아 두었다가 코로나19가 유행할 때 진단과 치료를 무료로 하는 것과 같이 많은 이들을 위한 공적인 목적으로 사용합니다. 갑자기 많은 비용이 더 필요하면 세금을 투입하여 국민의 보건의료 향상을 위해 사용하는 것도 의료의 공공성을 보여 주는 예라고 할 수 있습니다.

의료불평등 해소를 위한 노력

코로나19가 유행하면서 각 나라가 선택한 해결 방법은 서로 같은 것이 아니었습니다. 우리나라는 초기부터 국민들에게 개인 방역에 주의하라는 이야기를 하고, 사회 방역에도 힘을 써서 환자가 발생하면 접촉자들을 철저히 조사하여 미리 파악하는 방법을 선택했습니다. 방역을 선제적으로 취하면 경제 활동에 지장이 있고 경제 활동을 권장하면 전염병이 더 쉽게 퍼질 가능성이 있습니다. 우리나라는 경제 활동을 어느 정도 보장하면서 방역을 철저히 하고자 했고, 이 방법이 성공하려면 방역 당국이 이끄는 대로 국민들이 잘 따라야 하는 것이 가장 중요한 일이었습니다.

우리나라에서는 코로나19가 전파될 초기에 마스크가 동이 났습니다. 그 정도로 개인이 열심히 정책에 잘 따라 주었고, 손 씻기를 비롯한 개인 방역에 힘을 쓴 결과 2020년에는 감기와 독감 환자의 발생이 그 전해보다 현저히 줄어들었습니다. 그러나 미국 등 일부

나라에서는 방역을 철저히 할 경우 경제 활동이 위축되는 것을 우려하여 마스크를 제대로 쓰지 않는 등 방역 조치를 제대로 취하지 않은 결과, 병원에서 감당할 수 없을 만큼 많은 환자가 발생했습니다. 게다가 미국은 진단비와 치료비를 개인이 부담하면서 초기에 의심 증세가 있는 사람들이 진료를 피하는 경우도 많아서 코로나19의 확산을 막는 데 방해가 되었습니다.

우리나라는 전 국민 의료보험제도를 시행하고 있어서 모든 국민이 경제 형편에 따라 다르게 책정되어 있는 의료보험료를 내기만 하면 동일한 혜택을 받을 수 있습니다. 적은 비용으로 전문의를 만나서 수준 높은 진료를 받을 수 있다는 점에서 우리나라 의료보험제도가 훌륭하다는 평가를 받고 있습니다. 하지만 희귀난치병 환자와 같은 경우 높은 의료비를 부담해야 하는 등 아직 혜택받지 못하는 경우도 있어서 우리나라 의료보험제도도 완전하다고는 할 수 없습니다. 모든 이가 의료 혜택을 골고루 잘 받으려면 높은 보험료를 거둬야 하는데 우리의 보험료는 다른 나라에 비해 저렴한 편입니다. 게다가 처음 의료보험제도를 도입할 때 정부에서 투입하기로 한 비용만큼 부담하지 않은 것도 사실입니다.

아무리 우리나라가 세계적으로 모범이 될 만한 의료보험제도를 채택하고 있다고 해도 갑자기 발생한 병을 치료하는 데 필요한 비용을 부담하지 못해서 목숨을 잃어야 한다면 바람직한 국가의 모습이라고 할 수 없습니다. 모든 국민이 공평하게 의료 혜택을 받을 수 있도록 정책을 마련해야 하는 것이 국가의 의무라 할 수 있겠지요.

'인간은 존엄하고, 사람은 모두 평등하다'라는 말을 들어 본 적이 있나요? 생명을 가진 만물이 다 소중한 존재라는 것은 분명하지만, 인간은 생명체 중에서도 가장 지적인 활동을 하는 이성적 존재이면서, 도구를 사용하고, 의사소통을 통해 얻은 지식을 후손에게 전하는 등 다른 동물과는 구별되는 특징을 지니고 있는 존엄한 존재라고 할 수 있습니다. 이러한 존재가 병에 걸렸는데 돈이 없어서 생명을 포기해야 한다면 그 나라는 복지국가라 할 수 없으니 전 국민에게 적절하게 의료 혜택이 돌아갈 수 있도록 해야 할 것입니다.

건강에 문제가 생겨서 병원에 가서 진료를 받을 때 진료비는 누구나 같은 비용으로 똑같은 처치를 받는 것이 전 국민 의료보험제도의 특징입니다. 그런데 보험료는 경제적으로 넉넉한 사람이 더 많이 내고, 경제적으로 어려운 사람이 적게 내는 것이 공평하다고 할 수 있을까요?

나라별로 차이가 있기는 하지만 예상과 다르게 의료보험제도는 보험료를 더 많이 내는 넉넉한 사람들이 그렇지 않은 사람들보다 더 큰 혜택을 받는 것으로 나타납니다. 보험료를 많이 내는 이들이 더 이익을 얻는 이유는 의료기관 이용 빈도가 더 높기 때문입니다. 경제적으로 넉넉한 사람이 그렇지 않은 사람보다 병원에 더 자주

가고, 치료법이나 약을 선택할 때도 자기 부담이 많은 치료 방법을 선택합니다. 그런 경우 혜택을 더 크게 받기 때문에 결과적으로 보험료를 많이 내는 이들은 실제로 더 큰 혜택을 받는 경우가 많습니다. 따라서 정부는 의료 불평등 해소를 위해 노력해야 합니다.

경제적 측면에서 의료 불평등의 예를 들기는 했지만 의료 불평등은 사회 곳곳에 존재합니다. 인구밀도가 높은 도시에서는 병원이 많아서 의사를 쉽게 만날 수 있지만 인구밀도가 낮은 농촌에서는 그렇지 않은 것도 문제입니다. 예를 들어 인구밀도가 낮아지면 아기를 낳는 이가 줄어 산부인과 의사도 줄고, 산모가 아기를 낳기 위해 멀리까지 이동해야 하니 의료 불평등이 심화된다고 할 수 있습니다. 임신이 아니더라도 병원을 찾는 이가 많지 않으면 의사는 특정 질병에 집중하기보다 다양한 환자를 진료해야 하므로 처치가 어려운 질병을 경험할 기회가 줄고, 이에 따라 전문성이 부족해질 가능성이 있습니다. 어디를 가나 환자는 가장 좋은 치료를 받을 권리가 있는데 사는 지역에 따라 다른 대우를 받아서는 안 될 일이지요.

코로나19가 크게 유행하면서 일부 나라에서는 의료진이 감당하기 힘들 정도로 환자가 급증하자 의료진이 환자를 두고 떠나는 일이 발생했습니다. 우리나라도 코로나19 발생 초기에 중국 우한에 전세기를 보내 교민들을 데려왔습니다. 이들은 환자가 아님에도 불구하고 이들을 수용하려던 시설 근처에 있는 사람들이 극심하게 반대했습니다. 그러나 오래가지 않아 '우리는 하나'임을 보여 주듯 기꺼이 시설의 입소를 허용함으로써 2주간의 격리 기간 동안 적절한 조치를 받은 다음 사회로 돌아갈 수 있었습니다.

백신과 치료제, 속도가 아니라 안전성

다른 전염병과 마찬가지로 코로나19도 백신과 치료제를 개발하는 것이 해결의 지름길입니다. 코로나19는 초기부터 많은 환자가 발생할 것으로 예상되었으므로 여러 제약회사가 백신과 치료제 개발에 자연스럽게 뛰어들었고, 정부도 초기부터 지원을 약속했습니다.

백신과 치료제 개발에는 보통 수년의 기간이 필요합니다. 백신과 치료제에 대한 이야기가 매스컴에 등장할 때마다 임상 1상, 임상 2상, 임상 3상 시험과 같은 말을 들을 수 있는데, 이는 백신과 치료제 개발을 위해 반드시 거쳐야 하는 과정입니다. 치료약을 예로 들어 보겠습니다. 약으로써 사용 가능성을 지닌 물질을 발견한 경우 그 물질이 특정 병원체에 효과가 있음을 확인하기 위해서는 우선 세포를 이용한 실험을 해야 합니다. 이 실험에서 효과가 판명되면 다음으로 동물실험을 실시합니다.

세포는 의학 연구에 사용 가능한 것이 많지만 실험용 동물은 이

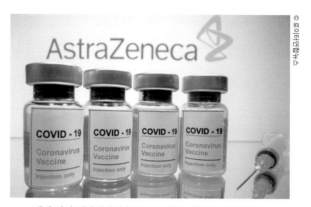

세계 여러 제약회사가 코로나19 백신 개발에 뛰어들었다.

와 다릅니다. 적당한 실험동물 모델이 개발되어 있지 않으면 그 일에 오랜 시간이 걸릴 수도 있습니다. 실험동물을 이용하여 효과를 확인했다면 식품의약품안전처에 임상시험 신청을 하여 허락을 받아야 합니다. 그러고 나서 약을 사용하면서 부작용이 없는지 소수를 대상으로 안전성을 평가하는 1상 시험, 수백 명 환자를 대상으로 적절한 용량과 적응증을 결정하는 2상 시험, 수천 명 환자를 대상으로 유효성과 안전성을 평가하는 3상 시험을 실시합니다. 이 과정에서 특별한 문제가 발견되지 않아야 식품의약품안전처에서 환자에게 사용할 수 있도록 허락해 줍니다. 새로운 약이 시판된 다음에도 환자에게 문제가 발생하지 않는지 계속 추적해야 하며, 이는 임상 4상 시험이라고 합니다.

이 모든 과정을 거쳐 신약이나 백신이 개발되려면 일반적으로 수

년에서 길게는 10년 이상의 세월이 걸립니다. 개발 비용도 엄청나게 듭니다. 이렇게 신약과 백신 개발 과정이 길고 복잡한 이유는 안전성이 그 무엇보다 중요하기 때문입니다.

예를 들어 코로나19 백신을 접종한 사람의 90%에게 예방 효과가 있고 이 가운데 0.1%에게 치명적인 부작용이 나타난다고 가정해 봅시다. 우리나라 인구의 약 절반에 해당하는 2500만 명이 접종할 경우 2만 5000명에게 부작용이 나타난다는 예상이 가능합니다. 이 비율이 조금만 높아져도 피해자는 급증하게 되므로 백신 개발에 신중할 수밖에 없습니다. 2020년 12월 말까지 우리나라 코로나19 확진환자는 약 6만 명이며 완치된 비율은 80%가 넘었습니다. 이에 반해 사망자는 1000명이 채 되지 않았습니다. 사망자 발생은 안타까운 일이지만 제대로 검증되지 않은 백신이나 치료제가 사용되었을 때의 피해를 생각하면 더욱 신중해야 하지 않을까 싶습니다. 백신과 신약 개발이 지난한 과정을 거치는 이유도 여기에 있습니다.

코로나19가 발병하고 세계는 큰 피해를 입었습니다. 이에 3상 시험 대신 백신을 바로 사람들에게 공급하자는 주장이 제기되었고, 실제로 미국, 영국 등에서는 다른 나라에 비해 먼저 백신을 접종하기 시작했습니다. 현재 아주 심각한 응급 상황이라고 판단했기 때문입니다. 3상 시험을 생략하고 예방접종에 들어간 것은 1상과 2상시험 결과를 아주 면밀하고 섬세하게 검토한 결과, 3상 시험을 생략하더라도 어느 정도 안전하다는 판정을 내렸기 때문입니다. 그렇더라도 예상치 못한 부작용이 나타날 수 있으므로 계속해서 결과를 추적 관찰해야 합니다. 관련 연구자들과 보건 당국은 앞선 시험 결과와 코로나19의 전파 양상을 종합적으로 감안하여 합리적인 결정을 내려야 합니다. 우리 국민은 이를 신뢰하면서 정책을 잘 따라야 하고요.

치료약은 발병 환자에게만 사용하면 되므로 동시에 아주 많은 양이 필요하지는 않지만 백신은 이야기가 다릅니다. 하루빨리 접종하는 것이 중요하고, 전 국민을 대상으로 실시해야 하므로 동시에 아주 많은 양이 필요합니다. 그러나 한 번에 많은 양의 백신을 생산하는 것은 불가능하므로 누가 먼저 맞을 것인지 순서를 정하는 것도 중요합니다. 재난영화를 보면 자신의 욕망을 채우기 위해 무리한 행동을 하는 사람들이 종종 등장하지요? 우리는 그와는 좀 달라야 하지 않을까 싶습니다.

시험대에 놓인 시민의식

해외에서는 대한민국 방역 체계에 찬사를 보내며 'K-방역'을 본받자는 의견을 내기도 했습니다. 이는 개인과 정부가 방역을 잘 실천한 덕분에 어느 정도의 일상생활을 유지하면서도 병원이 감당할 수 없을 정도의 환자가 발생하지 않았기 때문에 가능했습니다.

국내에서 코로나19 환자가 발생하자 방역 당국은 가장 먼저 마스크를 쓰라고 강력히 권했습니다. 감기, 독감과 같이 호흡기를 통해 감염되는 수많은 전염병은 마스크를 쓰는 것만으로도 어느 정도 예방이 가능합니다. 그에 더해 우리 국민은 몇 가지 수칙을 엄격히 지키려고 노력했습니다. 자주 손 씻기, 손으로 얼굴 만지지 않기, 사람 많은 곳에 가지 않기 등과 같은 수칙을 잘 지키면 전염병 예방에 도움이 됩니다. 그 밖에 사회적으로는 감염자가 다녀간 장소를 봉쇄하고 소독하기, 사람이 많이 접촉하는 곳은 수시로 방역하기, 사람이 많이 모이는 행사 유보하기 등을 실천했습니다.

국민들이 전반적으로 방역 수칙을 잘 지키기는 했지만 그러지 않은 모습도 있었습니다. 버스나 지하철 같은 공공장소에서 마스크를 쓰지 않아서 다른 시민과 언쟁을 벌이는 경우도 있었고, 사전에 신고한 사람보다 훨씬 많은 사람이 한자리에 모여 집회를 가지면서 방역 수칙을 제대로 지키지 않는 경우도 있었습니다. 또 여러 사람이 방역 수칙을 제대로 지키지 않고 밀폐된 공간에서 모임을 가지는 바람에 동시에 많은 사람에게 바이러스가 전파되는 경우도 있었습니다.

코로나19 유행 초기에 잘 지켜지던 개인 방역은 점차 느슨해지고, 정신적 피로감이 쌓이면서 우울한 기분을 느끼는 코로나블루, 이보다 더 증세가 심하여 우울하고 불안한 감정을 분노로 폭발하는 코로나레드 등을 호소하는 이가 늘어났습니다. 이런 현상은 익숙지 않은 환경에서 지내다 보면 겪을 수 있는 현상이기에 각자가 노력하여 다른 이에게 피해 주지 않도록 해야 할 일입니다.

세계적으로 유행하고 있는 코로나19를 하루빨리 해결하기 위해서는 국민 모두가 올바른 시민의식을 바탕으로 현명하게 대처를 해야 합니다. 방역 당국에서 알려주는 개인 방역 수칙을 잘 지키고, 잠깐의 방심이 다른 사람에게 피해 줄 수도 있음을 명심하고 일상에서 최선을 다해야 합니다.

코로나19가 주는 교훈

코로나19의 유행으로 우리는 큰 변화를 겪고 있습니다. 유행처럼 번지던 해외여행은 거의 불가능하게 되었지요. 매일 학생들로 북적이던 학교는 텅 비는 날이 많아졌고요. 대규모 모임은 사라지고, 사람들로 가득하던 도서관은 사이버도서관이 그 자리를 대신하고 있습니다. 각종 스포츠 경기는 관객의 환성 없이 중계방송을 위한 경기만 진행되다 보니 박진감이 떨어집니다. 식당 등 소규모 자영업의 운영이 어려워지면서 건물은 비어 있는 공간이 늘고 있습니다. 인류가 처음 경험하는 코로나19로 인한 새로운 환경은 적응할 만하면서도 여전히 과거의 일상이 그립기도 합니다.

과거에는 전파력이 아주 강했지만 이제는 별문제가 되지 않는 홍역, 수두, 풍진은 백신으로 해결이 되었습니다. 이처럼 코로나19도 백신으로 어느 정도는 극복할 수 있을 것입니다. 그러나 코로나19가 해결되더라도 이와 비슷한 호흡기 전염병은 앞으로도 계속 발생할 수 있습니다. 새로 출현하는 전염병의 공통점은 바이러스가 원인이며, 인수(人獸) 공통으로 전염된다는 점입니다. 현대는 사람과 야생동물의 생활 구역이 지속적으로 섞이고 있습니다. 열대우림 개발, 댐이나 고속도로 건설로 사람들의 행동반경이 넓어지면서 야생동물이 지니고 있는 미생물 병원체가 사람에게 전파될 가능성이 높아진 것입니다.

기후변화도 문제입니다. 지구온난화로 생태계에 큰 변화가 생기면서 현재 분포하고 있는 생물종이 변하고, 돌연변이에 의해 새로운 종이 출현할 가능성도 증가합니다. 지구의 온도가 올라가면 사람에게 여러 전염병을 옮기는 모기의 분포 지역이 넓어지는 것도 새로운 전염병의 원인이 될 수 있습니다. 따라서 지금이라도 기후변화를 막기 위한 노력이 필요합니다. 이산화탄소 배출을 줄이기 위해 가솔린 대신 전기차를 이용하는 등 우리의 생활 전반에 변화가 필요하겠죠.

사람들이 경제 체제의 하나로 선택한 자본주의는 끝없는 생산과 소비로 유지됩니다. 그러다 보니 후손들에게 해가 되는 줄 알면서 일회용품을 함부로 사용하여 지구환경을 망치는 선택을 하게 됩니다. 생산과 소비를 멈추자니 자본주의의 근간을 흔들게 되니 그야말로 딜레마입니다. 그럼에도 언제 또다시 찾아올지 모르는 새로운 전염병에 대비하기 위해 생활양식의 변화는 필요합니다.

우선 인간의 행동 범위를 좁힐 필요가 있습니다. 인수공통전염병의 전파를 막기 위해서는 밀림지역을 탐험하거나, 코끼리나 원숭이 같은 야생동물과 접촉해서는 안 됩니다. 손으로 동물을 직접 만지는 곳을 방문하는 것도 삼가야 합니다. 물론 동물뿐만 아니라 사람들 사이의 접촉도 줄일 필요가 있습니다.

가축을 키우는 방식에도 변화가 필요합니다. 가축은 원래 가두어 놓고 키우는 것이 아니라 풀어 놓고 키워야 합니다. 그런데 동물의 특성을 무시한 채 사람에게 음식을 공급하기 위한 목적으로 비좁은 사육장에 몰아넣는 것은 전염병이 창궐할 수 있는 환경이 됩니다. 가축 간의 접촉 거리가 가까워서 삽시간에 사육장 내 모든 개체에 영향을 줄 수 있기 때문입니다.

가축으로 인한 환경 파괴는 이미 큰 문제입니다. 예를 들어 소는 성장하는 동안 먹는 사료에 비해 턱없이 적은 양의 고기를 인간에게 제공합니다. 효율이 떨어지는 것이죠. 더구나 소의 배설물은 지구온난화에 영향을 미치고, 사료를 생산하는 데는 많은 화석연료를 사용해야 합니다. 소고기를 얻기 위해 소를 키우는 것은 오히려 인류에게 해가 되는 일입니다. 그렇다고 고기 소비량을 증가시키는 방식으로 발전해 온 식습관을 하루아침에 바꾸기는 쉽지 않습니다. 고기 그 자체를 즐기기보다 고기와 유사한 식감을 느낄 수 있는 음식을 섭취하는 방법도 고려해 볼 만합니다.

한편 각종 기계의 발전은 인간의 노동시간을 줄여 주었습니다. 여유 시간이 생긴 사람들은 새로운 오락거리를 찾아 나섰습니다. 여행도 그 결과의 하나이며, 대규모 공간에 빽빽이 모여 공연이나 스포츠를 즐기는 것도 마찬가지입니다. 지금까지는 함께 모여 현장감을 공유하며 취미나 오락을 즐기는 것이 가능했지만, 앞으로는 발전하는 정보기술을 바탕으로 이전과는 다른 방식이 자리 잡을 가능성이 큽니다.

현재 매년 독감 백신을 개발하여 공급하는 것처럼 미래에는 새로운 전염병 추적 관리시스템을 개발하여 신속한 해결을 추구하지 않을까 싶습니다. 경제적으로 가치가 낮아서 제약회사가 관심을 두지 않는 미생물에 대해서도 연구비를 계속 투자하여 만일의 경우를 대비해야 합니다. 개인은 손을 자주 씻고, 화장실 시설을 청결하게 유지해야 합니다. 마스크를 사용하는 것도 잊지 않아야 하죠. 식사할 때 식탁 중앙에 놓인 반찬을 여럿이 먹는 습관도 이제 바뀌지 않을까요?

당장은 여러 가지 변화가 익숙하지 않을 것입니다. 그러나 코로나19로 쌓은 지혜를 바탕으로 언제 다시 닥칠지 모르는 치명적인 전염병의 전파를 예방할 수 있기를 바랄 뿐입니다.

우리에게 스며든 혐오
공감으로 넘어서기

"바이러스에 대한 공포는 바이러스보다 더 강한 전염력을 갖습니다. 그 공포가 서로에 대한 혐오를 자극하고 무고한 사람들을 괴롭히고 핍박합니다. 우리가 천사는 아니지만 이성적으로 사고할 수 있는 인간이며, 이성만이 광기를 잠재울 수 있음을 기억해야 합니다."

오승현

서강대학교에서 국어국문학을 전공했다. 오랫동안 학생들에게 논술을 가르쳤고 『초등 독서평설』과 『고등 독서평설』의 집필위원으로 활동했다. 지금은 집필에 매진하며 틈틈이 강연을 한다.

청소년 도서로 『학교에서 가르쳐 주지 않는 노동 이야기』 『학교 안의 인문학』(전2권) 『인공지능 쫌 아는 10대』 『너희들의 미래 보고서』 『생각의 주인은 나』 『내 얼굴이 어때서』 『말이 세상을 아프게 한다』 등을 썼고, 어린이 도서로 『차별은 세상을 병들게 해요』 『세상을 아프게 하는 말, 이렇게 바꿔요!』 등을 썼다. 『생각의 주인은 나』는 중학교 국어 교과서에 실렸다.

코로나와 함께 찾아온 또 다른 위협

2020년 1월에서 3월 사이, 영국에서 중국인을 상대로 발생한 증오 범죄 건수가 전년, 전전년 같은 기간에 비해 거의 3배나 증가한 것으로 나타났다.

같은 해 4월부터 3개월간 미국 캘리포니아주에서 발생한 아시아계 미국인을 차별하고 괴롭히는 사건은 800여 건이 넘었다. 아시아인을 겨냥한 혐오 범죄가 늘어나자 급기야 뉴욕 경찰은 전담반을 만들기도 했다.

코로나19 발원지가 중국이라는 점 때문에 아시아인에 대한 인종차
별과 혐오 범죄가 세계적으로 늘어났다.

전 세계를 덮친 코로나19. 바이러스가 퍼지면서 혐오라는 마음
의 감염병도 함께 퍼졌습니다. 혐오를 뜻하는 'Disgust'는 라틴어
'Gustus(맛, 취향)'와 부정 접두사 'Dis'를 결합한 단어입니다. 그러
니까 혐오는 구토를 유발하는 역겨운 맛과 관련되어 있습니다. 이
렇듯 혐오는 불결함 등의 이유로 특정 대상을 싫어하거나 피하고
싶은 감정을 말합니다. 이것이 혐오의 어원적, 사전적 정의입니다.

사회적 현상으로 나타나는 혐오는 언어보다 더 적극적인 모습으
로 나타납니다. 왜냐하면 감정적으로 싫어하는 것을 넘어서 특정
집단에 속한 사람들의 고유한 정체성을 부정하거나 그 정체성을 이
유로 차별하고 배제하는 태도가 혐오의 본질이기 때문입니다. 국가
인권위원회가 발간한 「혐오 표현 리포트」(2019)에서는 혐오 표현
을 '성별, 장애, 종교, 나이, 출신 지역, 인종, 성적 지향 등을 이유로
어떤 개인·집단에게 ①모욕, 비하, 멸시, 위협 또는 ②차별, 폭력의
선전과 선동을 함으로써 차별을 정당화, 조장·강화하는 효과를 갖
는 표현'으로 정의하고 있습니다.

2020년 3월에 트럼프 전 미국 대통령의 연설문이 화제가 되었습
니다. '코로나바이러스(Corona virus)'를 '중국바이러스(Chinese virus)'

'코로나바이러스'를 '중국바이러스'로 수정한 트럼프 전 미국 대통령 연설문.

로 고친 부분이 눈에 띕니다. 그동안 그는 '증오의 정치'를 일삼았다고 해도 과언이 아닙니다. 인종차별, 여성 혐오, 장애인 차별 발언 등을 서슴지 않았습니다. 그 대상이 소수자에서 중국으로 옮겨 갔을 뿐. 오래전부터 '편 가르기'는 권력의 통치 수단 가운데 하나였지만, 트럼프만큼 분열과 혐오를 팔아 정치적 이득을 챙긴 정치인도 드물 것입니다.

방아쇠는 트럼프가 당겼지만, 총은 이미 장전되어 있었다고 볼 수 있습니다. 미국 사회의 인종차별은 뿌리가 깊습니다. 보통 흑인에 대한 인종차별을 자주 언급하지만, 다른 인종에 대한 차별 또한 만만치 않습니다. 가령 1871년에 500여 명의 백인이 미국 LA의 차이나타운을 습격해 중국인 20명을 살해하고 시신을 훼손하는 테러가 벌어졌습니다. 근래에는 중국이 급부상하자 시노포비아(Sinopho-bia), 즉 중국 공포증에 시달리고 있습니다. 일례로 2001년 중국의 국민총생산은 미국의 13% 수준이었지만 2020년에는 65%가량에 이르게 되었습니다. 트럼프가 부추긴 코로나 혐오증의 이면에는 경제적인 배경도 있습니다.

이런 현상은 남의 일만은 아닙니다. 2020년 1월 말 우리 정부는 코로나19의 발원지인 우한에 전세기를 보내 교민들을 국내로 이송했습니다. 교민들을 충남 아산과 충북 진천의 시설에 나눠 수용하기로 했다는 소식이 알려지자 지역 주민들이 트랙터를 끌고 나와 도로를 가로막으며 소동이 벌어졌습니다. 불안에 휩싸인 주민들이 우한 교민에 대한 극단적인 거부 반응을 드러낸 것입니다. 무지가 공포를 낳고 공포가 사태를 악화시킨 전형적인 경우라고 할 수 있습니다.

트럼프 대통령의 사례에서 살펴본 것처럼 이런 거부 반응은 정치인들의 선동에 뒤이어 따라 나옵니다.

"중국인 입국을 한시적으로 금지하고, 중국에서 한국으로 온 중국 관광객을 즉각적으로 송환하라."

─조경태 국회의원

"중국 전역을 오염 지역으로 보고 중국 눈치를 그만 보고 초과잉 대응이란 말이 나올 정도로 강력하게 대응해야 한다."

—김무성 전 국회의원

"코로나바이러스가 창궐한 우한, 후베이로부터 중국인 입국이 무방비로 이어지고 있다. 정부가 정신을 놓았다."

—원유철 전 국회의원

코로나19가 만들어 낸 혐오의 표적은 동심원을 그리듯 퍼져 갔습니다. 중국 내에서도 우한 출신자들에 대한 혐오 표현과 차별이 넘쳤으며, 이웃 나라인 한국과 일본에서는 중국인 전체에 대한 혐오와 불신이 번졌습니다. 중국인은 우한 출신을, 아시아인은 중국인을, 서양인은 아시아인을 '잠재적 보균자'로 여기면서 저마다의 방식으로 차별과 혐오를 드러냈습니다.

우리가 질병에 대응하는 방식

코로나19는 역사에 기록된 치명적인 유행병들과 같을까요, 아니면 다를까요? 소설가 오르한 파묵은 비슷한 구석이 꽤 많다고 말합니다. 그는 『뉴욕타임스』에 기고한 칼럼 「훌륭한 전염병 소설이 가르쳐 주는 것들」에서 "병원균과 바이러스가 똑같기 때문이 아니라 우리가 그러한 병에 맨 처음 대응하는 방식이 언제나 똑같기 때문"이라고 했습니다. 역사는, 그것도 어리석은 역사는 되풀이되기 마련입니다. 우리가 먼저 살다 간 이들보다 별로 나아지지 않은 탓이겠지요.

흑사병이 창궐하던 중세 시대에는 유대인을 희생양으로 삼았습니다. 1900년대 미국에서 장티푸스가 유행했을 때는 '장티푸스 메리(Typhoid Mary)'라는 별명으로 불린 메리 맬런의 국적 탓에 아일랜드계 이민자가 표적이 되었습니다. 가까이는 2015년 메르스가 퍼지자 최초 감염자가 여성이라거나 홍콩에서 메르스 증상을 보인 한국 여성 2명이 격리 조치를 거부했다는 오보가 빠르게 퍼졌습니다. 이후 기다렸다는 듯 '김치녀'가 메르스 확산의 원흉이라는 혐오성 댓글이 쏟아졌고요.

중국 광저우에서 흑인 10명이 코로나19 확진 판정을 받자 "흑인 1000명이 격리 시설을 탈출했다"거나 "광저우에 흑인 30만 명이 살고 있다"는 등 가짜뉴스가 기승을 부렸습니다. 급기야 흑인이라는 이유로 살던 아파트에서 쫓겨나거나 호텔 예약을 거부당하는 일도 벌어졌습니다. 한 맥도날드 매장에서는 '흑인 출입 금지'라고 써 붙이기도 했는데, 중국 내 코로나19 확산세가 잦아들고 해외 역(易) 유입 우려가 커지면서 흑인에 대한 차별이 벌어진 것입니다. 따돌림당하는 피해자가 더 가혹한 가해자가 되기도 하듯 부당한 혐오를 받는 이들이 더 가혹하게 혐오를 일삼기도 합니다.

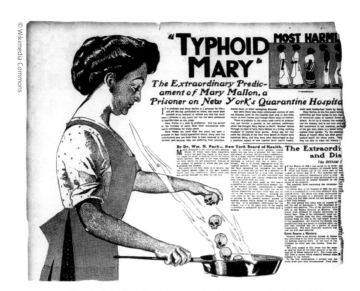

메리 맬런에 의해 장티푸스가 감염된다고 알리는 1909년 신문 기사.

우리도 예외는 아닙니다. 언제든 그렇게 돌변할 수 있으며 이미 혐오할 준비가 돼 있는지도 모릅니다. 한국일보가 2015~2018년 인터넷 게시물 4226만 건을 분석해 부정적 감정어의 비율을 조사한 결과가 있습니다. 억울함은 1%, 공포는 5%, 분노는 7%, 고통은 12%인 데 반해 혐오가 무려 75%로 압도적으로 높게 나왔습니다. 독일 언론인 카롤린 엠케는 그의 저서 『혐오사회』(다산초당, 2017)에서 "혐오와 증오는 느닷없이 폭발하는 것이 아니라 훈련되고 양성된다"라고 했습니다. 최근 코로나로 인해 혐오가 증가한 것처럼 보이지만 실은 아닐 수 있다는 해석이 가능합니다. 이미 혐오의 화살은 걸쳐져 있었고 코로나는 그 활시위를 당겼을 뿐입니다.

한국 사회는 도처에 벌레로 득실합니다. 맘충, 급식충, 틀딱충, 연금충…… 온갖 벌레가 우리를 뒤덮고 있습니다. 여성 혐오, 노인 혐오, 청소년 혐오, 장애인 혐오, 성 소수자 혐오……. 성별, 나이, 장애 여부, 성적 지향, 특정 계층, 특정 지역, 특정 직업, 특정 종교, 특정 국적 등 혐오의 이유는 다양합니다. 여성이라서, 노인이라서, 장애인이라서, 성 소수자라서, 단지 그래서 미움받는 사회인 것입니다. 우리 시대는 혐오가 만연한 시대라고 할 수 있습니다.

사회심리학자 고든 올포트는 『편견』(교양인, 2020)에서 편견이 생겨나기 쉬운 사회문화적 조건을 제시했습니다. 그는 자민족 중심주의 전통이 강하고 다양성이나 다원주의에 너그럽지 않으며 누군가를 희생양으로 삼는 일이 버젓이 벌어지는 곳일수록 편견이 널리 퍼지기 쉽다고 지적했습니다. 또 그런 환경에서 편견은 곧잘 혐오와 차별로 이어진다고 덧붙였습니다. 한국 사회에 정확히 부합하는 분석입니다.

'우한 코로나'라고 부르며 중국(인들)을 욕한 이들은 혐오하지도 차별하지도 않았다고 항변할지 모릅니다. 다만 비위생적인 중국인을 나무라고, 바이러스를 퍼뜨린 중국 정부를 비판한 것뿐이라고 주장합니다. 그렇다면 혐오 표현인 것과 아닌 것은 어떻게 구분할까요? 그 말의 효과와 영향력을 따져 봐야 합니다. '개독'(기독교를

비하해 부르는 명칭) 같은 말은 불쾌함을 줄 수 있지만 혐오 표현은 아닙니다. 기독교가 한국 현대사에서 한 번도 소수였던 적이 없기 때문입니다. 혐오는 기본적으로 소수자에 대한 경멸이나 멸시를 담고 있습니다.* 즉, 혐오는 사회적 서열을 전제합니다. 강자나 권력을 향한 비판은 혐오 표현이 아닙니다.

혐오와 비판은 어떻게 다를까?

철학자 마사 누스바움은 『혐오와 수치심』(민음사, 2015)에서 혐오와 분노(비판 포함)가 다르다고 말합니다. 혐오는 불확실한 문제에, 비판은 당면한 문제에 반응합니다. 혐오는 아직 발생하지 않은 문제에 지레 신경질적으로 반응하는 것이고, 비판은 이미 실재하는 부당한 문제를 해결하려는 반응이라는 것입니다. 간단히 말해, 역겨운 감정에서 끝나면 혐오이고 건설적 노력으로 이어지면 비판이라고 보면 됩니다. 타인에게 혐오 감정을 표현하는 건 자유일까요? 누구에게도 타인을 혐오하고 괴롭힐 권리는 없습니다. '혐오 표현의

---

* '중국인이 소수자인가?'라고 반문할 수 있습니다. 중국인 전체는 소수자가 아닙니다. 다만 국내에 들어와 있는 중국인은 소수자로 볼 수 있습니다. 조선족, 이주노동자, 결혼이민자, 다문화가정 자녀 등을 떠올려 보면 이해가 쉬울 것입니다.

자유'라는 건 망상에 불과합니다.

소수자에 대한 혐오는 대개 강자나 권력에 대한 불만의 대리 표출일 때가 많습니다. 혐오를 일삼는 이들은 인정하지 않겠지만, 강자나 권력에 대한 억눌린 감정이 사회의 가장 약한 고리로 향하는 것입니다. 시인 김수영은 「어느 날 고궁을 나오면서」에서 "왜 나는 조그마한 일에만 분개하는가/저 왕궁 대신에 왕궁의 음탕 대신에 (……) 옹졸하게 분개하고 설렁탕집 돼지 같은 주인 년한테 욕을 하고"라고 썼습니다. 왕궁은 권력을, 설렁탕집 주인은 약자를 가리킵니다. 시적 화자는 권력에 대한 분노를 삼킨 채 억눌린 감정을 화풀이하듯 약자에게 표출하고 있는 셈입니다.

더 나아가 권력의 속성이 혐오를 부추깁니다. 권력자는 소수자를 혐오하는 방식으로 권력의 성채를 공고히 합니다. 2016년 미국 대통령 선거에서 트럼프는 "이민자들이 일자리를 빼앗고 범죄를 저지르며 세금만 빼먹는다"고 발언했습니다. 이는 고도로 계산된 정치적 구호입니다. 백인 남성(일자리)과 여성(범죄), 그리고 부자(세금) 등을 모두 겨냥한 다중 포석이었습니다. 미국은 물론이고 전 세계에서 많은 사람이 트럼프의 '혐오 정치'를 혐오했지만, 불행히도 그는 대통령으로 당선되었습니다.*

2018년 6월 대한민국에서 8000km나 떨어진 중동 예멘에서 500여 명이 한꺼번에 제주도로 입국했습니다. 그러자 난민 문제가 불거졌습니다. 같은 해 6월 12일 청와대 게시판에 예멘 난민을 받아들이지 말라는 '국민청원'이 올라왔습니다. 청원자는 예멘 난민은 대부분 무슬림(이슬람교를 믿는 사람)인데 "무슬림은 여자를 사람으로 보지 않고" 그래서 "성범죄는 불 보듯 뻔한 일"이며 "테러 위험 국가가 되는 건 순식간"이라며 댓글을 달았습니다.

　그 외에도 편견을 부추기는 수많은 말이 세상에 떠돕니다.

이주노동자 탓에 취업이 안 된다.

난민·이민자 등이 들어오면 범죄가 늘어난다.

동성애 때문에 나라가 무너지고 있다.

5·18 유공자와 세월호 유족은 돈벌레다.

여성들은 권리는 찾으면서 의무는 다하지 않는다.

전라도 사람은 사기를 잘 치고 배신을 잘한다……

이 중 상당수는 가짜뉴스입니다. 가짜뉴스로 분류되지 않는 것들은 객관적으로 입증하기 어려운 주장입니다. 이주노동자가 사라지면 취업이 잘될까요? 난민이나 이민자가 없으면 범죄가 줄어들까

＊　이후 파리기후협약에서 탈퇴하고 자유무역 질서를 뒤흔드는 등 트럼프의 '깽판'으로 전 세계가 그 불행을 함께 겪었습니다.

요? 전혀 그렇지 않습니다. 난민과 이민자가 들어온다고 범죄가 더 늘어나는 게 아닙니다. 경찰청 통계에 따르면 내국인 범죄율이 외국인 범죄율보다 훨씬 높다는 것을 알 수 있습니다. 한국형사정책연구원이 2018년 공개한 「한국의 범죄 현상과 형사정책」이라는 보고서에 따르면, 2012~2016년 인구 10만 명당 검거된 범죄자는 내국인 3368명, 외국인 1441명이었습니다. 외국인은 내국인의 절반에도 미치지 않습니다.

난민은 처음부터 난민이었을까요? 난민은 난민이 되기 전까지 우리처럼 평범한 사람이었습니다. 학생, 교사, 요리사, 기술자, 언론인 등 다양한 직업을 가진 다양한 사람이었습니다. 원래부터 범죄자도 아니었고 갑자기 범죄자가 될 이유도 없습니다. 교육·보건 등 필요한 사회 서비스가 제공되고 적절한 일자리가 주어진다면 범죄를 저지를 이유가 전혀 없습니다. 사실 이는 난민뿐만 아니라 다른 잠재적 범죄자에게도 해당하는 이야기입니다.

예술사회학 연구자 이라영은 『타락한 저항』(교유서가, 2019)에서 "반지성주의자들은 혐오하는 대상을 모르기 위해 애쓰며, 모르지만 규정하려 한다"라고 주장했습니다. 사람들은 누군가를 혐오할 때 대상을 하나의 집단에 포함시켜 규정합니다. 일테면 "~인 사람들이 문제야"처럼 말이죠. 집단화 또는 균질화하는 것입니다. 어떤 집단에 속한다는 것만으로 비난할 수 있을까요? 특정 집단에 속한다고 해서 모두 똑같은 것은 아닙니다. 난민, 이민자가 범죄를 더 저지르지도 않을뿐더러 (사실이 아니지만) 이민자 등이 내국인보다 범죄를 더 저지른다고 가정하더라도 이민자 모두가 범죄자인 것은 아닙니다.

끝없이 혐오를 부추기는 언론

코로나19가 불러일으킨 혐오와 관련해서 언론도 자유롭지 않습니다. 독일의 대표 언론인 『슈피겔』의 표지를 살펴보겠습니다. 이런 표지는 중국(인) 혐오를 조장합니다. 마치 중국이 상품을 수출하듯이 코로나19를 일부러 만들어 퍼뜨린 듯한 인상을 주기 때문입니다. 중국에서 처음 발병한 것은 맞지만, 중국이 바이러스를 만들어 퍼뜨린 것은 아닙니다. 대한민국도 비슷한 사례가

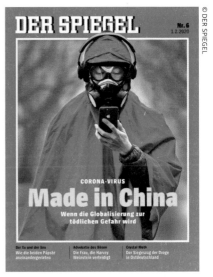

코로나19를 중국인이 일부러 만들어 퍼뜨린 듯한 인상을 주는 『슈피겔』 표지.

있습니다. 코로나가 처음 발병했을 때 보수 신문과 종편 등에서 '우한 폐렴' '우한 코로나' 같은 표현을 줄기차게 썼습니다. 바이러스의

발원지가 중국 우한임을 강조한 표현으로 2020년 6월까지 쓰였습니다.

> 우한 코로나 확진자 107명 늘어⋯14일 현재 8086명
>
> —2020년 3월 14일 자 조선일보

> 中, 우한 코로나 상황 알린 시민기자 체포·구금
>
> —2020년 6월 24일 자 조선일보

이런 표현이 문제가 되는 이유는 감염병의 이름에 특정 지역이 포함돼 있기 때문입니다. 질병명에 특정 지역이나 인종 등을 지칭하는 표현을 쓰면 '낙인 효과'가 생길 수 있습니다. 즉, 차별이나 혐오를 조장할 수 있다는 뜻입니다. 이 때문에 세계보건기구는 2015년 질병을 명명하는 방법에 대한 가이드라인을 제시하면서 질병의 원인을 특정할 수 있는 이름을 사용하지 말 것을 권고했습니다.

세계보건기구는 초기에 신종 감염병을 '우한에서 발생한 원인 불명의 폐렴'으로 불렀습니다. 그러다 '신종코로나바이러스'를 거쳐 2020년 2월 11일 'COVID-19'라는 공식 명칭을 정했습니다. 이에 따라 대한민국 질병관리청도 같은 해 2월 12일 신종 감염병의 정식 명칭을 '코로나바이러스감염증-19'(약칭 코로나19)로 결정했습니다. 그러나 일부 언론은 집요하게 '우한 폐렴'이라는 용어를 사용했고

이후에는 '우한 코로나'로 바꿔 부르기도 했습니다.

황당한 것은 자기들이 편견과 혐오를 부추겨 놓고 남을 탓한다는 점입니다. '우한 폐렴'을 줄기차게 고집한 어느 언론은 「캐나다 교민 피습…… 외교부는 어디에」 같은 기사를 통해 외교부가 교민을 상대로 벌어지는 증오 범죄에 제대로 대처하지 못한다며 정부를 강하게 질타했습니다. 혐오의 바이러스는 자신들이 퍼뜨려 놓고 그로 인한 피해에 대해서는 정부를 탓한 것입니다. 그 보도와 달리 외교부는 인종차별과 증오 범죄에 대해 적극적으로 문제를 제기해 왔습니다.

언론은 코로나19로 인한 혐오를 부추겼습니다. '중국인 입국 금지'를 크게 다룬 기사나 코로나19를 끈질기게 '우한 코로나'로 부름으로써 바이러스 발원지가 중국 우한임을 강조한 기사는 코로나19의 원인과 책임을 '내부'(우리)가 아닌 '외부'(그들)로 돌리려는 의도를 숨김없이 드러냈습니다. 우한 교민 수용에 반발하는 지역 주민을 다룬 기사, 대학 개강을 앞두고 중국 유학생의 입국에 따른 감염 확산을 우려한 기사 또한 우한 교민과 중국 유학생을 '잠재적 보균자'로 낙인찍었습니다.

코로나19 사태가 길어지고 집단감염이 확산되자 비난의 강도도 세졌고 혐오 대상 또한 확대됐습니다. 신천지 교인이었던 31번 환자가 나오면서 신천지에 대한 혐오가 '교회'를 향한 비난으로 번졌고, 이태원 집단감염의 첫 환자인 용인 66번 환자가 나왔을 때는 성 소수자를 향한 비난이 쏟아졌습니다. 언론은 앞다퉈 '○○발 확진 자'라는 꼬리표를 단 채 특정 종교(신천지, 개신교 등), 특정 지역(대구, 광주 등), 특정 직업(콜센터, 택배 물류센터, 방문판매 업체 등), 성 소수자 등 표적을 옮겨 가며 비난의 화살을 날렸습니다.

이태원 클럽 확진자가 처음 나왔을 때 국민일보는 관련 내용을 보도하며 「이태원 게이 클럽에 코로나19 확진자 다녀갔다」고 제목을 달았습니다. 이후 '게이 클럽'을 내세운 기사가 쏟아지며 성 소수자를 '낙인'찍었습니다.

"○○○동 ○○라인에서 나온 (확진자) 부모님. 당신들도 사람입니까? (……) 이태원 업소 가서 날라리처럼 춤추고 확진자 돼서 좋겠습니다."

클럽에서 확진자가 나오고 며칠 뒤 인천의 한 아파트 현관문에 확진자와 그 가족을 비난하는 게시물이 붙었습니다. 클럽에서 확진자가 나온 사실을 보도할 수 있지만, 성 소수자 클럽인지 일반 클럽인지 보도할 필요는 없습니다. 성 정체성은 코로나19 감염과 아무 관련이 없기 때문입니다. 홍대 술집에서 확진자가 나왔을 때 '이성애자' 술집으로 부르지 않은 반면에 이태원 클럽만 '게이 클럽'이라며 성 소수자를 콕 집어 보도했습니다. 재난은 누구에게나 닥쳐올 수 있지만, 특히 사회적 소수자에게 더욱 가혹하게 다가옵니다. 이태원 클럽 사태가 이를 증명합니다.

이런 낙인은 낯설지 않습니다. 1985년 국내에서 처음으로 발병한 에이즈(AIDS)도 성 소수자들을 낙인찍는 계기가 됐습니다. 한때 '게이 암(Gay Cancer)'이라고 불렸을 정도로 에이즈와 혐오의 감정은 밀접히 연관됩니다. 천형, 즉 하늘이 내리는 형벌로 불리기도 했습니다. 수전 손택은 『은유로서의 질병』(이후, 2002)에서 질병은 질병일 뿐 저주가 아니며 신의 심판도 아니라고 말했습니다. 덧붙여 질병에 별다른 의미(은유)를 덧씌우지 말라며, 질병에 덧씌워진 은유는 질병 예방과 방역에 결코 도움이 되지 않는다고 강조했습니다.

유럽 등지에서 중국인에게 린치를 가할 때 우리는 먼일처럼 여겼습니다. 어쩌면 '우한 코로나' 같은 표현에도 둔감했을지 모릅니다. 그러나 한국에서 감염이 확산되자 한국인 입국을 제한·금지하는 나라가 늘었고, 얼마 지나지 않아 전 세계적인 대유행 속에서 한국인을 포함한 아시아인 전체가 혐오와 차별의 먹잇감이 되는 것을 지켜볼 수밖에 없었습니다. 결국 우리 자신도 혐오의 피해자가 된 것입니다. 우리가 외국인을 혐오하면서 외국에서는 우리를 차별하지 않는 것을 기대할 수 있을까요? "남에게 대접받고자 하는 대로 남을 대접하라"는 격언을 기억하면 좋겠습니다.

바이러스는 인종이나 국적과 무관합니다. 하지만 바이러스에 대한 공포가 혐오와 차별을 정당화합니다. 우리는 과연 혐오와 차별을 멈출 수 있을까요? 세계보건기구 사무총장 거브러여수스는 코로나19와 관련해 특정 인종이나 민족에 대한 혐오와 낙인찍기가 퍼지는 것에 대해 "바이러스보다 더 위험하다"라며 "우리는 천사가 아니지만 이성적으로 사고할 수 있는 인간"이라고 힘주어 말했습니다. 이성만이 광기를 잠재울 수 있습니다.

남에게 대접받고자 하거든

바이러스가 무서운 이유는 그 자체보다 바이러스가 불러일으키는 공포 때문입니다. 바이러스에 대한 공포는 바이러스보다 더 강한 전염력을 갖습니다. 그 공포가 서로에 대한 혐오를 자극합니다. 그리고 무고한 사람을 괴롭히고 핍박하며 심지어 죽이기도 합니다. 공동체를 파괴하는 것은 재난이 아니라 공포와 혐오입니다. 공포와 혐오가 바이러스보다 더 위험한 이유가 여기 있습니다.

1923년 일본 관동(간토) 지방에 규모 7.9의 강력한 지진이 일어났습니다. 사망자는 10만 명이 넘고 이재민은 300만 명이 넘는 엄청난 재난이었습니다. 큰 피해로 민심이 흉흉해지자 일본 정부는 "혼란을 틈타 이득을 취하려는 무리가 있다. 조선인들이 방화와 폭탄 테러, 강도 행각 등을 벌이고 있으니 주의하라"는 지시를 각 경찰서에 내립니다. 물론 근거 없는 지시였습니다. 이후 수천 명의 조선인이 학살당했습니다. 당시 희생된 조선인은 대략 3000~6000명으로 추산됩니다. 이것이 '관동 대지진 조선인 학살 사건'의 전말입니다. 공포와 불안과 혼란이 사람들을 공황 상태에 빠뜨렸고 끔찍한 학살을 초래한 것입니다.

관동 대학살은 혐오가 폭력으로 발전한다는 점을 잘 보여 줍니다. 혐오는 표현에서 끝나지 않습니다. 사회경제적 위기에 부닥쳤을 때 혐오와 차별이 퍼지는 것은 어제오늘의 일이 아닙니다. 위기 상황은 방아쇠가 되어 잠재된 불안을 격발시킵니다. 경제 불황이 길게 이어져 먹고살기 어렵거나, 전쟁의 고통이 말할 수 없이 심하거나, 대규모 자연재해가 발생해 사회가 혼란스러울 때, 불안한 대중심리를 땔감 삼아 희생양에 책임을 떠넘기는 일은 혐오의 전형적인 형태입니다.

경제 불황이 길어지거나 일자리가 없어서 취업이 어려울 때 그걸 '구조적' 문제로 접근하는 사람은 드뭅니다. 가장 손쉬운 방법은 '악당'을 찾는 것입니다. 발생 원인과 전체 구조를 파악하기 어려운 큰 위기가 닥쳤을 때 그 책임을 물을 악당을 찾으면 불안한 마음이 한결 가벼워지기 때문입니다. 그 악당 때문에 위기가 발생했다고 믿어 버리면 끝나니까요. 일자리가 부족한 이유를 사회·경제구조적으로 따져 보는 일은 복잡하고 어렵습니다. 반면에 앞서 살펴본 '이주노동자 때문에 취업이 안 된다'는 주장은 대번에 이해됩니다. 사실에 대한 검증도 없이 이주노동자가 일자리 부족의 주범이 되는 까닭입니다.

중세 유럽을 공포에 떨게 한 전염병 중에는 성병(性病)의 일종인 매독이 있습니다. 당시에는 치료제가 없다 보니 삽시간에 유럽 전역으로 퍼졌습니다. 피부가 썩어 들어갔기 때문에 매독 환자는 악취를 풍겼습니다. 사람들은 본인도 매독에 걸릴까 봐 불안에 떨며 '악당 찾기'를 시작했습니다. 악당으로 지목된 건 이웃 나라였습니다. 폴란드에서는 '독일병'으로, 독일에서는 '프랑스병'으로, 프랑스에서는 '이탈리아병'으로 불렀습니다. 이웃 나라 사람을 위기와 혼란의 주범으로 삼은 것이죠. 독일인은 프랑스인만 조심하면 된다고 생각하고 안심했습니다.

혐오는 극단적으로 인종 청소를 초래할 수 있습니다. 물론 최악의 경우에 그렇다는 말입니다. 그러나 민주주의는 쉽게 깨질 수 있습니다. 나치를 이끈 히틀러도 선거를 통해 민주적으로 당선됐습니다. 끔찍한 집단 학살 이면에는 지극히 평범한 사람들이 있습니다. 나치의 인종 청소를 거든 이들이 죄다 손에 피를 묻혔던 것도 아닙니다. 공무원은 관련 서류를 작성하고, 경찰은 역에 모인 유대인을 통제하고, 기관사와 역무원은 유대인을 실은 열차를 운행·관리하고, 수용소의 장교는 일할 사람과 죽을 사람을 선별했습니다. 각자 자신의 업무를 성실히 수행했을 뿐입니다.

철학자 루트비히 비트겐슈타인은 『문화와 가치』(책세상, 2020)에서 "언어란 행위다"라고 했습니다. '언행일치' 같은 표현에서 보듯 우리는 보통 말과 행위를 나누어 생각하지만, 말 또한 하나의 행위로 볼 수 있습니다. 우리는 '말'을 통해 많은 것을 '합'니다. 반가움을 표시하고 감사를 나타내고 사랑을 표현합니다. 누군가를 차별하고 억누르기도 합니다. 이 모두가 하나의 행위로써 말을 보여 줍니다. 말은 말에서 끝나지 않고 실질적인 영향을 미칩니다. "말이 씨가 된다"는 속담도 그런 점에서 음미해 볼 만합니다.

영화 〈컨택트(Arrival)〉(2016)에 "언어는 모든 문명의 초석이지만 모든 싸움의 첫 번째 무기"라는 대사가 나옵니다. 혐오가 만연한 토양에는 차별이 뿌리내리고 증오 범죄가 싹틉니다. 증오범죄는 진공 상태에서 생겨나지 않습니다. 인종 혐오가 혐오 범죄, 증오 범죄로 발전합니다. 더 극단으로 치달으면 인종 청소가 됩니다. 독일의 나치는 600만 명의 유대인을 학살했습니다. 전 캐나다 법무부 장관 어윈 코틀러는 "홀로코스트(유대인 대학살)는 가스실에서 시작되지 않았다. 그것은 말에서 비롯했다"라고 했습니다. 유대인 학살은 유대인에 대한 혐오 발언에서 비롯되었습니다.

그렇다면 거꾸로, 증오의 언어를 멈추면 증오 범죄도 줄어들까요? 르완다 국제형사재판소의 재판관을 역임한 박선기 변호사는 증오 선동(Hate Speech)을 금지하자 증오 범죄가 눈에 띄게 줄었다고 밝혔습니다. 르완다에서는 전체 인구의 15%에 불과한 투치족이 85%의 후투족을 지배하며 반목을 거듭해 왔습니다. 후투족 언론은 투치족을 죽여 없애야 할 대상으로 묘사했습니다. 라디오방송은 "투치족 바퀴벌레들을 소탕하자"고 선동했습니다. 학살을 자행하기 전에 피해자를 벌레나 짐승 등으로 인식하도록 세뇌하는 것은 집단 학살의 공통점입니다. 인간이 아니니까 죽여도 된다는 논리입니다. 그 결과 100일 동안 투치족 80만 명이 희생됐습니다.

전염병 속에서 혼자만 행복하긴 어렵다

우리 역사에서 홀로코스트와 같은 대참사가 없었던 것은 우리가 포용적이고 관대해서일까요? 다른 민족이나 인종과 부대끼며 산 역사가 없어서는 아닐까요? 2019년 기준, 국내 체류 외국인은 252만 명에 달합니다. 전체 인구에서 차지하는 비중은 4.9%입니다. 이 수치가 5%를 넘으면 다문화 사회로 볼 수 있습니다. 통계청은 2021년에 국내 외국인이 300만 명에 이를 것으로 추산했습니다. 전체 인구의 5.8%를 넘는 숫자입니다. 한국은 다문화 사회로 들어

서기 직전입니다. 우리 사회도 인종차별이 낯설지 않게 될 것입니다. 홀로코스트와 같은 비극이 먼 나라에서만 일어나라는 법은 없습니다.

코로나를 계기로 우리는 우리 안에 숨은 인종주의를 확인했습니다. 코로나 확산 초기, 청와대 국민청원 게시판에 올라온 '중국인 입국 금지' 청원은 76만 명의 호응을 얻었습니다. 바이러스 유입을 막기 위해 입국을 금지한다면 국적에 상관없이 중국에서 오는 모든 사람을 금지해야 합니다. 중국인만 코로나에 감염되는 것은 아닐 테니까요. 바이러스는 국적이 없습니다. 그런데 국민청원 내용은 '중국으로부터의 입국 금지'가 아니라 '중국인 입국 금지'였습니다. 우리와 그들을 구분하고, 감염병을 그들만의 것으로 타자화한 것입니다.

발병 초기 코로나19가 박쥐 등 야생동물의 섭취에서 비롯했다는 보도와 국내 첫 환자인 중국인의 치료비를 정부가 부담한다는 사실이 알려지면서 일부에서 비난이 쏟아졌습니다. 본인들 잘못으로 병을 불러왔는데, 왜 공짜로 치료해 주느냐는 비판이었습니다. 이러한 여론이 커지자 정부는 치료비를 상호주의에 따라 지급하겠다고 밝혔습니다. 한국인을 무료로 치료하는 나라에서 온 외국인은 무료로 치료하고, 그렇지 않은 나라에서 온 외국인은 치료비를 청구하겠다는 것입니다. 한국인 미지원 37개국 출신의 외국인은 치료비전액을 자기가 부담하는 것으로 바뀌었습니다.

재난 상황에서 이주민 등 외국인을 차별하지 않는 것은 인도주의, 즉 인권 차원에서 중요합니다. 세계보건기구가 만든 국제보건규약은 여행자에게 진료비, 예방접종 비용, 격리 비용 등을 받지 말라고 권고합니다. 외국인을 차별하지 않는 것은 질병 확산을 막는데도 중요하고 효과적입니다. 치료비를 자신이 내면, 치료비가 부담스러운 이들이 검사와 치료를 회피할지 모릅니다. 그런데도 정부는 외국인 무료 치료에서 치료비 차등 지급으로 전환했습니다. 외국인 무료 치료에 부정적인 여론 탓입니다.*

이방인을 배척하는 것은 인류의 오래된 생존법입니다. 진화심리학에서는 이를 '행동 면역계'라고 부릅니다. 율라 비스는 『면역에 관하여』(열린책들, 2016)에서 "외부자, 이민자, 팔다리가 없는 사람, 얼굴에 낙인이 찍힌 사람을 피하는 건 오래된 질병 예방 전술이다. 행동 면역계는 우리에게 아무 위험을 가하지 않는 사람들에 대해서도 쉽게 작동을 개시한다"고 설명했다. 낯선 것을 조심하고 멀리하는 태도는 개인 방역에 이로울 수 있습니다. 이때 멀리할 대상은 물리적 거리이지 심리적 거리(사회적 배제)여서는 안 됩니다.

---

* 국내에 6개월 이상 체류한 외국인은 건강보험에 가입해야 합니다. 건강보험에 가입된 외국인조차 상호주의에 따라 치료비를 내야 한다면 공정하다고 볼 수 있을까요?

사회적 차별과 배제는 오히려 방역의 훼방꾼입니다. 질병과 소수자 인권에 대한 무지, 그 무지를 파고들어 자극하는 가짜뉴스들. 그런 혼란 속에서 사람들은 불만을 품게 됩니다. 거기에서 근거 없는 차별과 사회적 낙인찍기가 곰팡이처럼 피어납니다. 차별과 낙인의 두려움으로 감염자들이 숨어든다면 낙인찍기와 감염 은폐의 악순환이 반복될 것입니다. 이는 전혀 의도하지 않은 결과를 불러옵니다. 개인이 질병에 감염되지 않으려고 취한 행동 방식이 배제인데, 배제와 배제가 모이고 겹치면 감염 위험이 오히려 커지는 것입니다.

혐오는 방역에 아무 도움이 되지 않습니다. 신천지에서 집단감염이 발생했을 때 방역 당국은 신천지 비난을 삼갔습니다. 신천지에 대한 검찰의 압수 수색에 대해서도 신중론을 폈습니다. 강제수사가 본격화되면 신도들이 숨어들지 모른다는 우려 때문이었죠. 감염자를 낙인찍고 비난하면 감염자는 숨기 마련이니까요. 그렇게 되면 방역은 실패하고 모두가 피해를 입게 됩니다. 혐오는 방역을 실패로 이끄는 첩경입니다. 신천지의 부정적 이미지에도 불구하고, 당국의 신중하고 사려 깊은 대응 덕분에 혐오와 낙인찍기를 자제하는 사회적 분위기가 어느 정도 조성되었다고 볼 수 있습니다.

그런데 이태원 집단감염에서 반전이 일어났습니다. 일부 언론과 지방정부는 확진자가 동성애자들이 주로 이용하는 클럽을 다녀갔다며 공격했습니다. '게이 클럽' 등 자극적인 단어가 들어간 기사가 언론을 도배했습니다. 곧이어 클럽과 성 소수자에 대한 낙인찍기가 극심해졌습니다. 방역 당국이 직접 나서서 차별과 배제가 방역에 도움이 되지 않는다고 당부할 정도였습니다. 중앙재난안전대책본부의 2020년 5월 9일 언론 브리핑은 시사하는 바가 큽니다.

바이러스는 지역, 출신, 종교 등을 구분하지 않고 누구나 우연한 사건으로 감염될 수 있습니다. 신종 감염병에 효과적으로 대응하기 위해서는 서로를 구분하고 차별하는 것이 아니라 우리가 하나의 공동체라는 사실을 잊지 말고 연대와 협력의 정신을 존중해야 합니다. 차별과 배제는 공동체 정신을 훼손할 뿐 아니라 코로나19 감염을 드러낼 수 없는 사회 분위기를 만듦으로써 결국 방역을 방해하는 결과를 초래하게 됩니다.

방역 당국은 '익명 검사'라는 우회로를 만들어 혐오의 장애물을 피할 수 있었습니다. 말 그대로 익명으로 검사를 받게 해 신분 노출을 꺼리는 이들을 방역망 안으로 끌어들인 것입니다. 익명 검사를 시작한 이후 검사자 수가 8배 증가했습니다. 방역망 바깥에 있던 이들이 그 안으로 들어온 결과입니다. 이처럼 혐오는 감염병 예방과 확산 방지에 걸림돌일 뿐입니다.

1918년 스페인독감이 전 세계를 강타하고 2년 동안 전 세계에서 약 5000만 명이 희생됐습니다. 당시 미국의 흑인들은 독감 전파자로 몰려 의료 서비스를 제대로 받지 못했습니다. 그 결과는 오롯이 흑인들만의 피해였을까요? 그렇지 않습니다. 백인과 흑인은 버스든 식당이든 극장이든 어디선가 마주치기 마련이니까요. 흑인들이 사회의 온갖 궂은일을 한다는 점에서 접촉을 피할 수 없습니다. 결국 흑인들이 의료 서비스를 받지 못한 탓에 지역사회 감염이 확산됐습니다.

알베르 카뮈의 소설 『페스트』(1947)의 배경은 페스트가 창궐해 폐쇄된 도시 오랑입니다. 오랑으로 취재를 나온 기자 랑베르. 애초에 랑베르는 페스트의 참상을 '자신과는 상관없는 일'처럼 여겼습니다. 그러나 오랑에서의 경험은 그의 마음을 돌려놓습니다. 이후 오랑을 탈출하려던 계획을 접은 랑베르는 이렇게 말합니다. "혼자만 행복하다는 것은 부끄러운 일이죠. 페스트는 우리 모두에게 관련된 것이니까요." 전염병이 창궐하는데 혼자만 행복하긴 어렵습니다. 전염병이 부자나 권력자만 골라서 피해 가는 것은 아니기 때문입니다.

살인 사건의 가해자가 정신 질환을 앓고 있었다는 뉴스가 보도될 때마다 정신장애인들은 편견과 혐오의 무대로 소환됩니다. 어디 그뿐인가요. 일부 사람들은 세월호 유가족을 향해 여전히 저주를 퍼붓고, 5·18 유공자를 향해 몹쓸 말을 쏟아 냅니다.

혐오가 만연한 시대에 혐오를 멈출 수 있을까요? 당연하지 않은 것을 당연하지 않게 여기는 데서 희망은 시작될 것입니다. 철학자 마사 누스바움은 『타인에 대한 연민』(알에이치코리아, 2020)에서 "인종 혐오, 여성 멸시, 이민자들에 대한 두려움, 장애인을 혐오하는 감정들 중 불가피하거나 '자연스러운' 것은 결코 없다"고 역설했습니다.

혐오를 넘어선 곳에서 발견하는 희망

문화인류학자 마거릿 미드는 인류 문명의 첫 번째 지표(sign)가 무엇이라고 생각하느냐는 질문을 받았습니다. 문명 이전과 문명 이후를 나누는 첫 번째 지표에 대한 마거릿 미드의 대답은 뜻밖이었습니다. 화살촉이나 돌도끼, 토기가 아니라 '치유된 넓적다리뼈'라고 답했습니다. 약육강식의 야생에서 다리가 부러지면 죽을 수밖에 없습니다. 위험을 피하기도 어렵고, 식량을 구하기도 쉽지 않기 때문이죠. 약육강식의 법칙이 지배하는 곳에서는 치유된 넓적다리뼈가 발견되지 않습니다. 몸이 약한 이, 부상을 당한 이, 장애가 있는 이를 돌보지 않는 곳에서도 그 뼈는 발견되지 않습니다.

치유된 넓적다리뼈가 나온다는 것은 누군가가 다리뼈가 부러진 이를 돌봤다는 뜻입니다. 부상자에게 잠자리와 먹을거리를 제공하고 맹수의 공격을 막아 줬을 것입니다. 이를 '연민' 또는 '연대'로 이해할 수 있습니다. 연민이나 연대를 발휘하려면 누군가는 위험을 감수했을 것입니다. 부족한 식량을 나누고, 맹수의 공격을 막는 일에는 위험이 따릅니다. 그러나 바로 그런 연대와 연민 덕분에 인간은 부족한 신체적 능력에도 불구하고 살아남을 수 있었던 것입니다. 살아남아 문명을 일굴 수 있었습니다. 너나없이 사람이 사람에게 어깨를 내밀고 곁을 내어 주는 일, 이것이야말로 인류 문명을 밑에서 떠받친 힘이었습니다. 연민이나 연대는 문명의 문턱인 셈입니다.

1846년 81명의 무리가 눈 폭풍을 만나 미국의 돈너 계곡에 고립되는 사고가 있었습니다. 눈보라에 갇힌 지 6개월 만에 구조되기까지 41명이 죽었습니다. 가장 먼저 죽은 이들은 건장한 청년이었고, 끝까지 살아남은 이들은 노인과 아이였습니다. 어떻게 건장한 청년들이 노인과 아이들보다 먼저 죽었을까요? 노인과 아이들은 가족 덕분에 목숨을 부지할 수 있었습니다. 극한 상황에서 가족은 물질적, 정신적 버팀목이 되어 주었습니다. 반면에 먼저 죽은 청년들은 가족이 없었습니다. 프랑크 쉬르마허의 『가족, 부활이냐 몰락이냐』 (나무생각, 2006)에 나오는 이야기입니다.

쉬르마허가 가족의 가치를 일깨우려고 소개한 이야기지만, 여기서 또 다른 교훈을 읽어 낼 수 있습니다. 바로 연대와 협력의 힘입니다. 청년들의 죽음은 서로 돕고 의지하는 것이 생존에 얼마나 중요한지 웅변해 주고 있습니다. 인간은 홀로 존재하는 것 같아도 실제로는 '관계' 없이 존재할 수 없습니다. 인간은 관계 속에 존재합니다. 인간을 한자로 '人間'으로 씁니다. 사이 간(間) 자가 들어 있습니다. 즉, 인간은 어디까지나 '사이-존재'인 셈입니다. 사람이란, 사람과 사람 사이의 관계에 기대어 존재합니다. 인간의 삶은 서로에게 빚지지 않고서는 단 한순간도 유지될 수 없습니다.

우리 삶이 연대 위에 서 있는데, 왜 우리에게 연대는 낯선 개념일까요? 무한 경쟁 속에서 협력과 연대보다 경쟁과 승자독식이 강조되는 탓입니다. 자본주의는 서로가 서로에게 빚진 관계(상호의존관계)를 전부 거래 관계인 것처럼 분칠해 버렸습니다.* 우리 청소년들도 학교에서 협력보다 경쟁을 먼저 배웁니다. 극단적인 입시 경쟁 속에서 협력은 찾아볼 수 없습니다. 그러나 사회가 아무리 경쟁을 강조하더라도 경쟁만으로 사회는 유지될 수 없습니다. 재난 상황에서 모두가 자기만 살겠다고 아우성치면 어떻게 될까요? 결코 재난을 극복할 수 없습니다. 코로나19 사태에서 환자 곁으로 달려간 의료진을 떠올려 보십시오.

청소년에게 연대라는 말은 다소 멀게 느껴질 수 있습니다. 연대

---

* 생존하려면 돈이 필요합니다. 사람은 의식주를 해결하기 위해 돈을 벌고 값을 치릅니다. 그런데 세상에는 돈으로 사고팔 수 없는 것이 있습니다. 사랑, 우정, 신뢰, 봉사, 기부 등은 거래 관계의 바깥을 보여 줍니다.

가 필요한 보다 직접적인 이유로는 '내가 당하지 않기 위해서'입니다. 혐오와 차별은 부메랑이 되어 나에게 돌아올 수 있습니다. 시민 10명 중 9명이 자신도 혐오·차별의 대상이 될 수 있다고 답한 국가인권위원회의 조사 결과를 곱씹어 볼 필요가 있습니다. 코로나19를 겪으며 '나도 언제든 차별의 대상이나 소수자가 될 수 있다는 생각을 해 본 적이 있다'는 물음에 열에 아홉이 그렇다고 대답한 것입니다. 내가 혐오의 대상이 되고 싶지 않다면 타인을 혐오해서도 안 됩니다.

공짜 밥*을 먹는다고 '급식충'이, 자기 아이를 애지중지한다고 '맘충'이, 연금으로 생활한다고 '연금충'이 됩니다. 이러한 범주에서 완벽히 자유로운 사람이 얼마나 될까요? 인종과 성별을 불문하고 누구나 혐오의 잠재적 표적이 될 수 있습니다. 모두가 혐오의 피해자가 될 수 있으며 누구나 혐오의 가해자가 될 수 있습니다. 누구도 자유롭지 않죠. 피해자이면서 가해자이고 가해자이면서 피해자일 수밖에 없는 혐오의 시대니까요.

혐오를 일삼는 이들이 스스로 멈출 수 있을까요? 사실 그러기는 어렵습니다. 침묵하는 우리가 나서야 하는 이유가 여기에 있습니

---

* 무상급식을 '공짜 밥'으로 부르기도 하지만, 사실 공짜 밥이 아닙니다. 부모들, 즉 국민이 낸 세금으로 제공되는 '보편 급식'입니다.

다. 혐오에 적극 참여하지 않으니 책임이 없다고 말할 수 있을까요? 2016년 독일 클라우스니츠에서 일어난 반(反)난민 시위에서 성난 군중이 버스를 가로막고 "우리가 국민이다" "꺼져, 꺼져!"라며 외쳤습니다. 카롤린 엠케는『혐오사회』에서 이들이 혐오의 감정을 거침없이 표출할 수 있었던 것은 침묵하며 지켜보던 구경꾼들 탓이라고 꼬집었습니다. 침묵하는 방관자는 중립적인 위치에 있는 게 아닙니다. 방관자는 혐오의 공모자이자 응원군과 다를 바 없습니다.

카롤린 엠케는 "증오하는 자들이 그 대상에게 해를 입힐 수 있는 여지를 주지 않는 것은 문명사회 구성원으로서 우리 모두의 책임"이라고 강조했습니다. 눈앞에서 혐오를 부추길 때 침묵으로 방관해서는 안 됩니다. 혐오에 맞서는 무기로 대항 표현(counter speech)이 있습니다. 대항 표현이란 혐오 표현을 반박하는 표현입니다. 이를테면 세월호가 지긋지긋하다는 혐오 발언을 내뱉은 정치인에게 유가족이 "자식은 부모에게 지겨울 수가 없다"고 항변했는데 이런 반박이 대항 표현입니다.

바이러스의 숙주가 인간이듯이 혐오라는 바이러스의 숙주도 우리입니다. 이는 바이러스 확산을 끊을 방법이 우리에게 있다는 말이기도 합니다. 루시 존스도『재난의 세계사』(눌와, 2020)에서 "서로를 알고 서로에게 관심을 가지는 공동체가 끝까지 견디는 법이다. 재난을 극복할 힘은 결국 우리에게 있다"고 했습니다. 바이러스로

부터 우리 자신을 지킬 무기는 혐오가 아닙니다. 연대와 협력입니다. "서로에 대한 우리의 연대, 우리의 이성, 우리의 가슴(연민)은 이미 시험대에 놓였습니다. 나는 우리가 이 시험을 통과하기를 희망합니다." 독일 총리 앙겔라 메르켈이 한 말입니다.

코로나19가 우리에게 가르쳐 준 사회적 거리 두기. 이전에 사람들은 사회적 거리를 별로 의식하지 않으며 살았습니다. 그러나 사람들은 평소에도 사회적 거리를 유지하며 살아왔습니다. 지하철 좌석에 앉을 때를 떠올려 보면 이해하기 쉽습니다. 긴 좌석이 비어 있을 때 사람들은 대개 끝자리에 앉습니다. 그다음 승객은 반대편 끝자리에 앉고요. 세 번째 승객은 한가운데에 앉습니다. 이런 식으로 타인과 사회적 거리를 유지하는 것입니다. 나의 개인 공간을 보호하고 타인의 개인 공간을 존중하려는 심리 때문입니다.

다른 사람과 2m 이상 거리 두기는 역설적이게도 우리가 얼마나 가까운 존재인지를 일깨웁니다. 학교를 비롯해 일터, 식당, 버스, 지하철 등에서 사람들은 같은 공기를 들이쉬고 내쉽니다. 내가 내쉰 공기가 다른 사람의 폐로 들어가고, 다른 누군가가 내쉰 공기가 내 폐로 들어옵니다. 공기와 함께 수많은 침방울도 주고받습니다. 사람과 나무, 사람과 동물, 사람과 자연도 다르지 않습니다. 모든 생명은 거대한 사슬로 묶여 있습니다. 혼자서는 살아갈 수 없습니다. 어울려 살고 어울려 헤쳐 나갈 때입니다.

미래가 온다? 우리가 간다!

ⓒ 전승민 최형선 신동한 석혜원 예병일 오승현, 2021

초판 1쇄 발행일 2021년 2월 1일
초판 3쇄 발행일 2024년 4월 1일

지은이   전승민 최형선 신동한 석혜원 예병일 오승현
펴낸이   정은영

펴낸곳   (주)자음과모음
출판등록 2001년 11월 28일 제2001-000259호
주소   10881 경기도 파주시 회동길 325-20
전화   편집부 (02)324-2347, 경영지원부 (02)325-6047
팩스   편집부 (02)324-2348, 경영지원부 (02)2648-1311
이메일   jamoteen@jamobook.com

ISBN 978-89-544-4635-8(44080)
     978-89-544-3135-4(set)